JN446072

실습도면과 함께

AutoCAD

김건완 · 심보경 지음

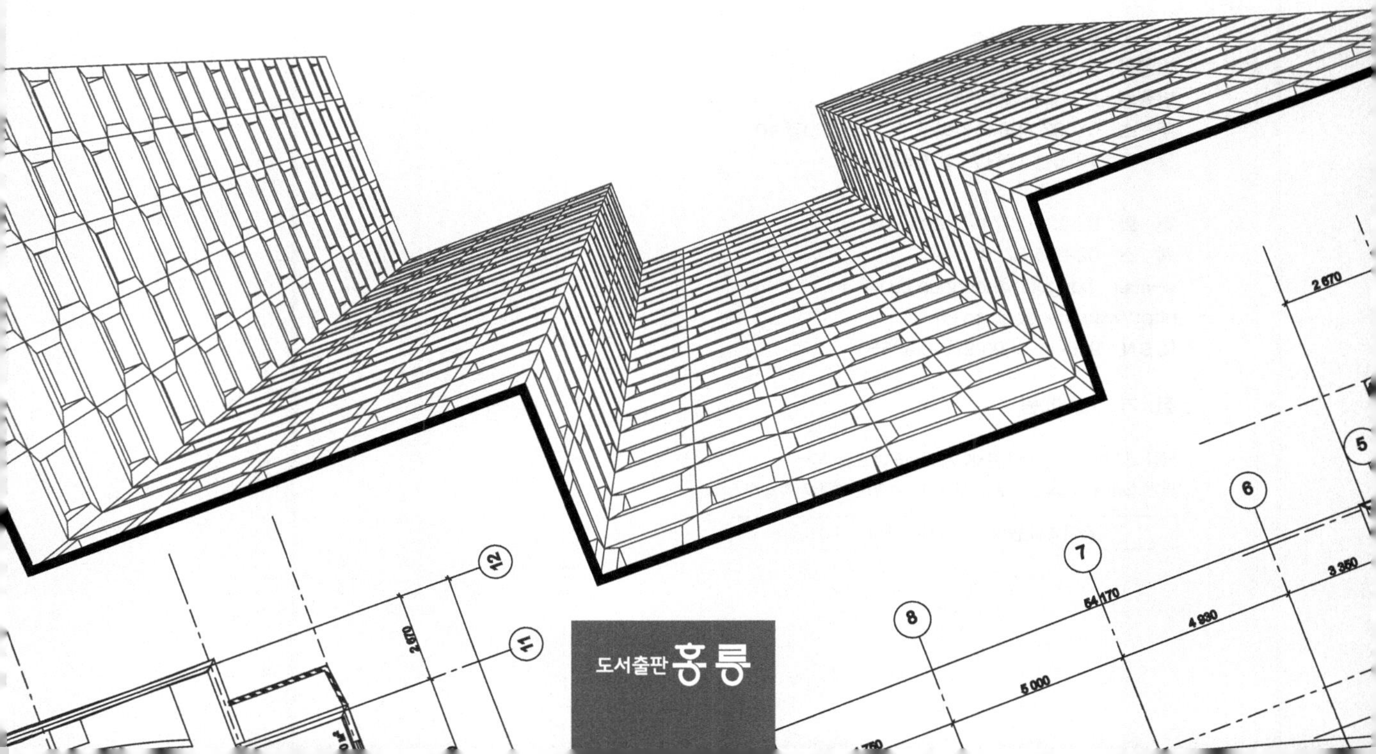

도서출판 홍릉

실습도면과 함께

AutoCAD

인 쇄: 2025년 10월 20일 초판 1쇄
발 행: 2025년 10월 27일 초판 1쇄

저 자: 김건완 · 심보경
발행인: 송 준
발행처: 도서출판 홍릉
주 소: 01093 서울시 강북구 인수봉로 50길 10
등 록: 1976년 10월 21일 제5-66호

전 화: 02-999-2274~5, 903-7037
팩 스: 02-905-6729
e-mail: hongpub@hongpub.co.kr
http://www.hongpub.co.kr
ISBN: 979-11-5600-990-0(93550)

정 가: 13,000원

낙장 및 파본은 구입처나 본사에서 교환하여 드립니다.
판권 소유에 위배되는 사항(인쇄, 복제, 제본)은 법에 저촉됩니다.

저자와의 협의하에 인지는 생략됩니다.

머리말

도면은 건축, 토목, 기계 등에서 건물이나 기계, 제품 등을 생산하기 위해서 만드는 그림이라 설명할 수 있겠습니다.

도면을 작성하는데 나만 보는 도면이라면 추상적으로 그리던 자유겠지만 도면은 대부분 다른 이에게 보여줘야 하는 결과물로 한눈에 파악할 수 있는 깔끔한 형태로 그려져야 합니다.

그래서 CAD가 이러한 목적을 달성하는데 사용되는 공구라 볼 수 있겠습니다.

본 교재의 CAD는 단기 교육 또는 대학의 한 학기 수업의 CAD만을 위한 교재로 목적을 두었으며, 큰 틀은 그리기와 편집으로 구성하고 그 외에 해치와 문자 그리고 치수를 작성하여 출력할 수 있는 능력을 갖출 수 있도록 하였습니다. 또한 실제 교육의 질을 높이기 위해서 예제를 두어 교육생들이 연습할 수 있는 도면을 수록하였습니다.

급격히 변하는 AutoCAD의 버전에 상관없이 사용할 수 있도록 다년간 교육 현장에서의 경험을 토대로 꼭 필요한 명령어를 사용할 수 있도록 구성하였습니다.

산업의 기본이 되는 컴퓨터에 의한 도면작성, CAD(Computer Aided Design)에 관한 필수적인 내용이 담긴 AutoCAD 기본서로 산업 모든 분야에서 AutoCAD 학습을 원하는 모든 분께 이 책을 권하며, 이 책을 사용하는 학습자 여러분들이 도면을 쉽게 잘 그릴 수 있는 능력을 갖춘 훌륭한 기계설계기술자가 될 수 있는 기본서가 될 수 있도록 지속적인 개발 보완을 약속하며, 본서의 출판관계자 분들께 감사를 드립니다.

편저자 드림

차 례

CHAPTER 1

AutoCAD 기본 사항

1. CAD의 개요

CAD 시스템을 사용하기 위한 학습을 하는 것은 새로운 언어를 배우는 것과 같다. 언어를 배우기 위해 알파벳으로 시작하듯이 실습을 통해 효과적이고 정확하게 사용하는 법을 배워야 할 필요가 있다. 이것은 몇 가지 새로운 개념과 기능뿐만 아니라 다양한 용어도 익혀야 할 것이다. 모든 CAD 시스템은 기본적인 도형 객체를 사용하여 도면을 작성한다. 많은 기술도면들의 구성이 2차원 평면도형에 의해 작성된다.

CAD 시스템을 효과적으로 사용하기 위해서는 도형 객체를 신속, 정확하게 작성하는 법을 익혀야 한다. 따라서 CAD에 대한 기본사항을 확실하게 알고 이를 응용할 수 있어야 할 것이다. 이절에서는 CAD의 개요, AutoCAD 사용자 인터페이스, 시작과 종료하기, 파일 관리에 대한 기본 기능을 익히도록 한다.

- CAD란 : "Computer Aided Drafting" : 컴퓨터를 이용한 도면작성
  "Computer Aided Design" : 컴퓨터를 이용한 설계
- HW : 컴퓨터(PC, Workstation) - 메인보드, CPU, Ram, 모니터, 기억장치, 프린터, 마우스, 스캐너 등
- SW : OS(Win7, 8, 10, Mac), CAD 프로그램, 유틸리티
- AutoCAD란? : 미국의 Auto Desk사에서 1982년에 만들어 낸 중·저급 CAD 프로그램으로 다른 CAD 프로그램에 비해 개방형, 범용 CAD프로그램으로 사용자가 원하는 메뉴, 자동프로그래밍 등을 만들어 사용할 수 있다는 장점과 여러 응용분야에 넓게 사용할 수 있다는 장점이 있다.
- CAD 사용의 장점 : 생산성, 품질향상, 표현방식의 다양화, 표준화, 정보화, 경영합리화
- CAD의 응용분야 : 건축, 토목 설계, 전기, 전자 설계, 자동차, 항공기, 선박 등의 기계설계, 조경설계, 지도 제작, 산업, 공업, 실내, 제품 디자인, 영화, 광고 등

2. AutoCAD 인터페이스(Interface)

가. AutoCAD 시작하기

[1] 바탕화면에서 아이콘을 마우스로 더블 클릭하기 

● 3 버튼 마우스 사용 방법 :

- 마우스 왼쪽 버튼(클릭 ; 메뉴, 아이콘, 객체선택, 더블 클릭 ; 실행, 드래그 : 객체 선택)
- 마우스 오른쪽 버튼(엔터)
- 휠(회전 : 화면 실시간 보기 크기 조정, 누르고 드래그하면 화면 이동)

● CAD 사용자세 : 왼손은 키보드사용, 오른손은 마우스 사용

나. AutoCAD의 화면 구성 익히기

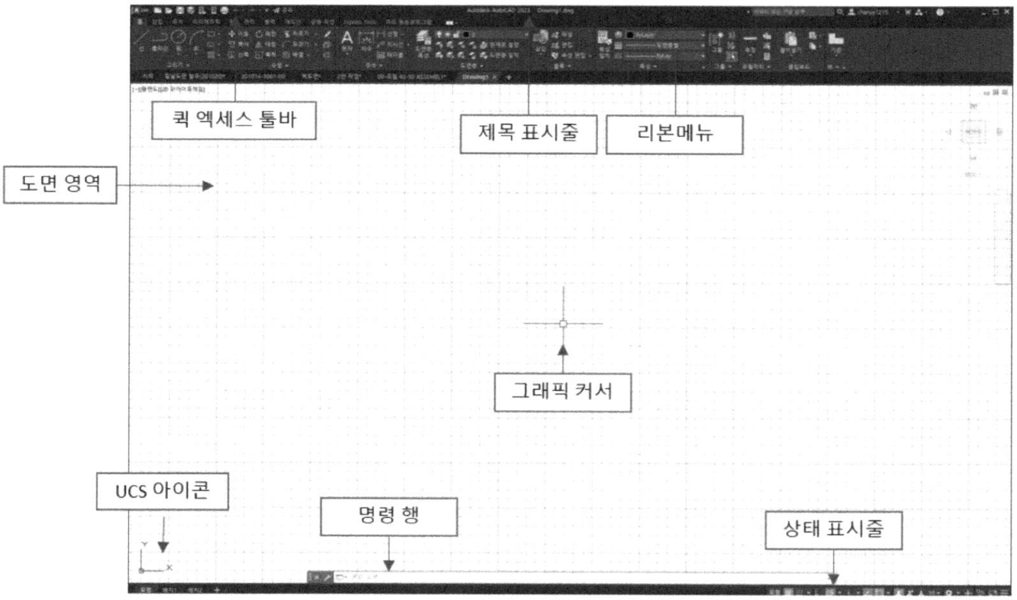

[1] 제목 표시줄 : AutoCAD - [Drawing.dwg] 괄호 안은 파일의 이름으로서 새로운 도면을 그리고 저장되어 있지 않은 경우는 Drawing.dwg임

→ *.dwg : 오토캐드 파일의 확장자

[2] 리본 메뉴 : 파일, 편집, 도구막대, 삽입

[3] 도면 영역 : 실행한 AutoCAD 명령에 따라 설계 도면이 작성되는 영역

[4] 명령 행 : 사용하는 명령어를 타이핑하는 라인 - 기능키 F2

[5] 상태 표시줄 : 스냅, 모드, 직교, 추적 등이 표시 - 기능키 F6 ~ F10

3. 파일 관리하기

가. 저장하기(save)

[1] 명령(command) : save 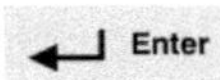

, Ctrl + S 또는 툴바의  클릭. (파일 메뉴의 저장 선택)

나. 다른 이름으로 저장하기(Save As) :

기존의 파일을 새로운 이름으로 저장할 때 사용한다.

Ctrl + Shift + S 또는 툴바의

 클릭

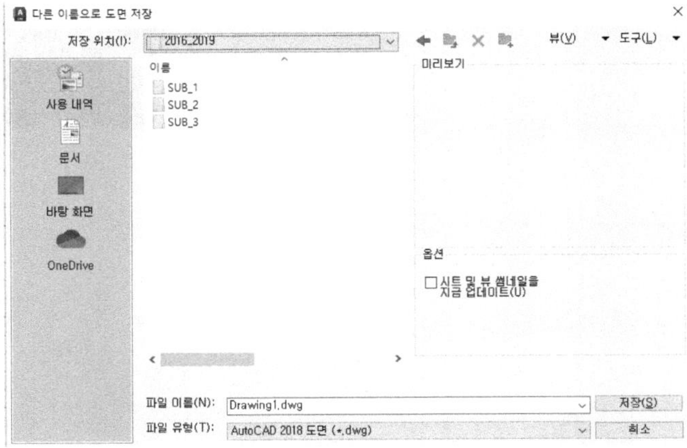

다. 불러오기(OPEN) : 이미 저장되어있는 파일을 불러온다.

기존에 작성되어있는 도면을 불러올 때 사용한다.

명령 : open Enter -

툴바의 클릭. (파일 메뉴의 열기 선택)

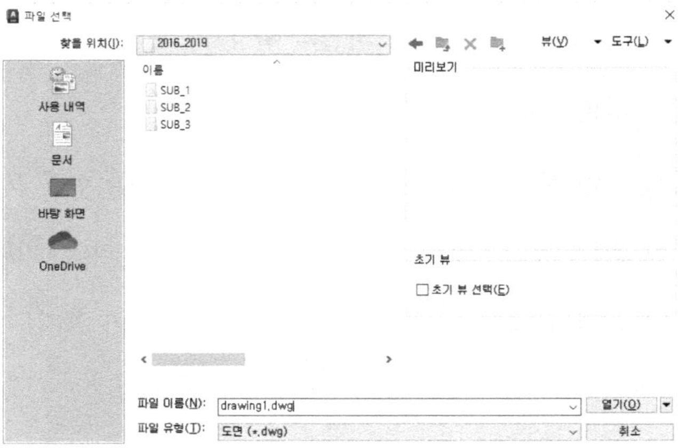

라. AutoCAD 끝내기

· 오른쪽 위쪽의 닫기 버튼 클릭하기

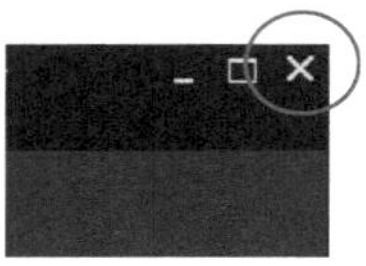

· 명령(Command)에서 : Quit 또는 Exit 실행

· 메뉴에서 A CAD 클릭 ➜ 닫기(Exit)

CHAPTER 2

도형 작성하기

1. 선(LINE) 그리기

명령 : LINE, 단축키 : L

LINE 명령은 모든 도면작성에 필수적인 명령어로 지정한 위치의 점을 잇는 직선을 그리는 방법으로 하나의 직선뿐만이 아니라 연속적으로 연결된 직선을 그릴 때 사용한다.

[1] 절대좌표

X축 Y축이 이루는 좌표 평면에서 기준이 되는 원점을 [0 , 0] 으로 하는 절대로 변하지 않는 좌표계를 의미한다. 즉, 누가 사용해도 똑같은 값이 나오는 좌표계를 의미한다.

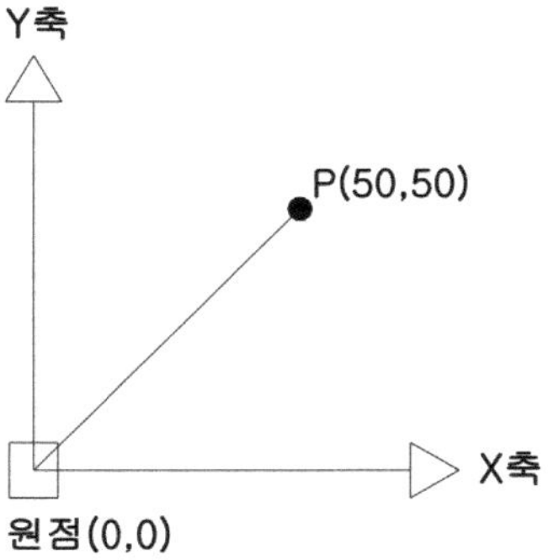

- X값 : 원점에서부터 X축 방향의 거리(50)
- Y값 : 원점에서부터 Y축 방향의 거리(50)
- 원점에서부터 X = 50, Y = 50 위치의 좌표점
- 명령 : L(LINE)
- LINE 첫 번째 점 지정 : 0,0 Enter
- 다음 점 지정 또는 [명령 취소(U)] : 50,50 Enter

● 절대 좌표를 이용한 직사각형 그리기

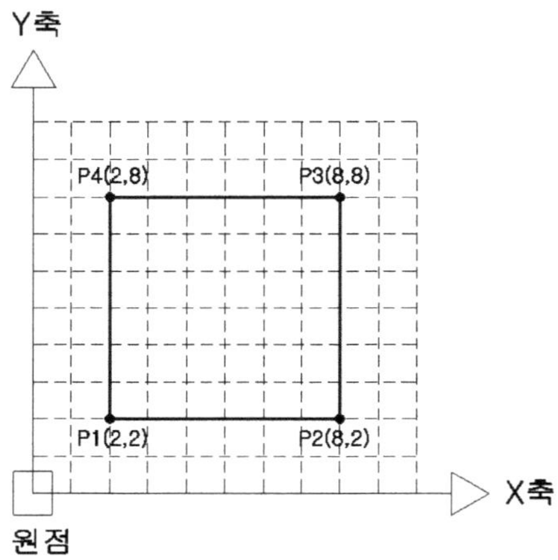

- 명령 : L(LINE)
- LINE 첫 번째 점 지정 : 2,2
- 다음 점 지정 또는 [명령 취소(U)] : 8,2 Enter
- 다음 점 지정 또는 [닫기(C) 명령 취소(U)] : 8,8 Enter
- 다음 점 지정 또는 [닫기(C) 명령 취소(U)] : 2,8 Enter
- 다음 점 지정 또는 [닫기(C) 명령 취소(U)] : C 또는 2,2 Enter 및 마우스로 시작점 클릭

● 객체 지우기(ERASE)

도면 작성 시 필요하지 않은 도면 요소는 ERASE 명령으로 삭제할 수 있다.

명령 : E(ERASE) Enter 선택 시 나타나는 사각박스 크기 조정

● 객체 선택(Select objects)

객체(object)란 : 도면에 그린 모든 도형들로 선, 원, 치수 등을 말한다.

객체선택은 명령어가 아니며, 편집명령어(Erase, Move, Copy ...)를 실행했을 때 명령 줄에 Select objects : 가 나타나면 마우스로 객체를 선택한다.

옵션	내용
1개씩 선택 (Pointing)	커서형태가 사각형으로 바뀌면, 원하는 객체 위에 마우스를 가지고 가서 선택한다. 여러 개 선택 가능.
다수 선택 (Window)	선택할 객체들의 왼쪽 위에서 마우스로 한 점을 찍은 다음, 대각선 방향으로 드래그하여 원하는 크기의 사각형이 만들어진 후 클릭한다. 사각형 안에 완전히 들어간 객체들만 선택된다. (걸쳐진 것들은 선택이 안됨)
다수 선택 (Cross)	선택을 원하는 객체들의 오른쪽 위에서 마우스를 찍은 다음 드래그해서 왼쪽 아래로 드래그하여 사각형이 만들어진 후 클릭한다. 사각형에 걸쳐진 객체들도 포함이 된다.
모두 선택 (ALL)	All을 화면에 있는 모든 객체가 선택된다.
선택 취소(U)	"U "라고 입력하면 선택된 객체들을 역순으로 취소된다.
선택 취소 (Remove)	여러 개의 객체를 동시에 선택했을 경우, 선택에서 제외시키고자 하는 객체가 있다면 "R"을 입력 후 선택 취소 할 객체를 선택
추가 (Add)	여러 개의 객체를 동시에 선택했을 경우, 추가로 선택을 하고자 할 때"A"를 입력한 후 추가할 객체를 선택

● WINDOW 사용 예

좌측에서 우측으로 선택 시	우측에서 좌측으로 선택 시
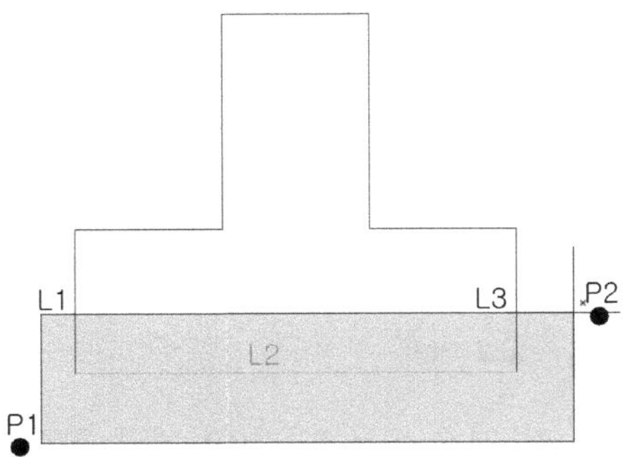	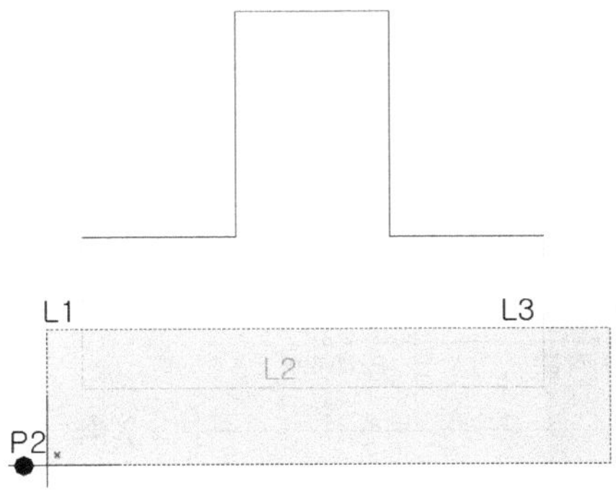
선택된 1개(L2)의 객체를 지울 수 있다.	선택된 3개(L1, L2, L3)의 객체를 지울 수 있다.

[2] 상대 좌표

현재 위치를 기준으로 하여 X축, Y축 방향의 길이로 임의의 위치에 있는 점을 나타내는 방식으로 상대적으로 바뀌는 좌표계를 의미한다. 즉, 마지막으로 선택한 점의 위치를 기준으로 하여 새로운 좌표계를 형성하여 좌표를 지정한다. 상대좌표는 좌표값 앞에 @표시를 붙인다.

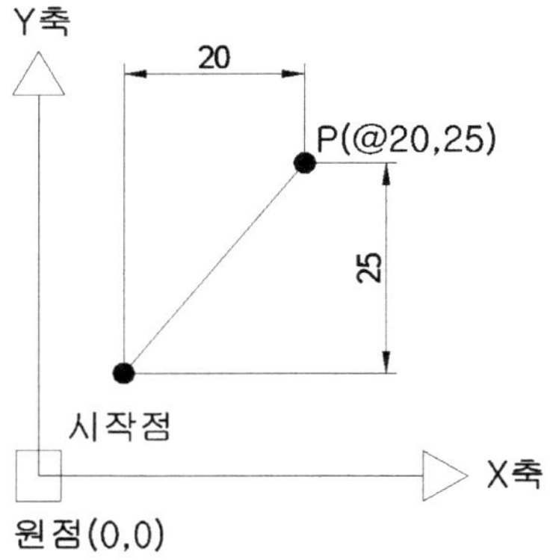

- X값 : 원점에서부터 X축 방향의 거리(20)
- Y값 : 원점에서부터 Y축 방향의 거리(25)
- 시작점에서부터 X = 20, Y = 25 위치의 좌표점
- 명령 : L(LINE) ↵ Enter
- LINE 첫 번째 점 지정 : 시작점 마우스 클릭
- 다음 점 지정 또는 [명령 취소(U)] :

  @20,25 ↵ Enter

● 상대 좌표를 이용한 직사각형 그리기

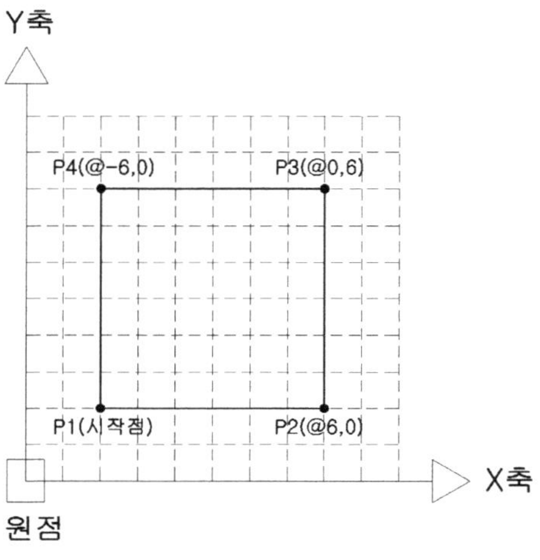

명령 : L

- LINE 첫 번째 점 지정 : P1(시작)점 마우스 클릭
- 다음 점 지정 또는 [명령 취소(U)] :

  @6,0 ↵ Enter
- 다음 점 지정 또는 [닫기(C) 명령 취소(U)] :

  @0,6 ↵ Enter
- 다음 점 지정 또는 [닫기(C) 명령 취소(U)] :

  @-6,0 ↵ Enter

- 다음 점 지정 또는 [닫기(C) 명령 취소(U)] : C 또는 @0,-6 ↵ Enter 및 마우스로 시작점 클릭

● 선 그리기 옵션

- 계속(Continue) : 마지막 그려진 선의 끝점에서부터 선을 그린다.
- 닫기(Close) : 2개 이상의 선을 그린 후 첫 번째 그린 선의 끝점을 연결하여 폐곡선을 만든 후 선 명령을 끝낸다.
- 명령취소(Undo) : 연속 선 중 잘못 선을 그린 경우 취소하고 마지막 점으로 돌아간다.

[3] 절대 극좌표(거리〈 각도)

원점부터 P점(임의의점) 까지를 거리와 각도로 나타내는 방식이다. 방향각은 3시 방향을 0°로 하여 시계반대 방향으로 각도를 지정한다. 시계방향으로 계산할 때에는 음수 기호 (-)를 붙여 표기하면 된다.

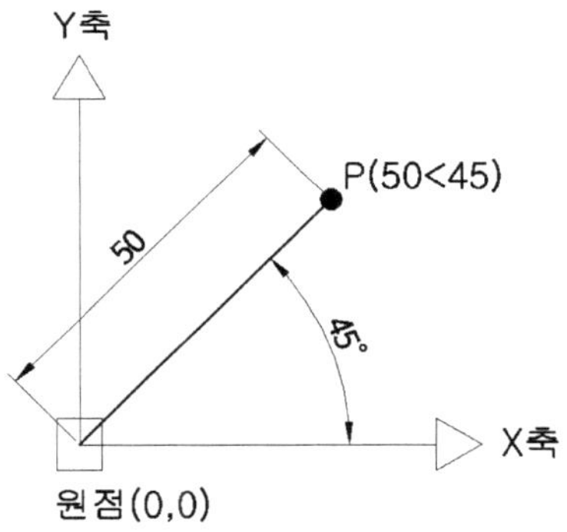

- 입력값 : 거리〈 각도
- 거리값 : 원점에서부터 P(좌표)점까지의 거리
- 극좌표 기호 : 〈
- 각도값 : X축과 이루는 각도
  (반시계방향 + 값을, 시계방향 - 값을 취한다)
- 원점으로부터 50mm와 각도 45°의 좌표점
- 명령 : L(LINE) Enter

- LINE 첫 번째 점 지정 : 0,0 Enter
- 다음 점 지정 또는 [명령 취소(U)] : 50〈 45 Enter

● 절대 극좌표 이용한 선 그리기

명령 : L

- LINE 첫 번째 점 지정 : 0,0 Enter
- 다음 점 지정 또는 [명령 취소(U)] :
  30 〈 25 Enter

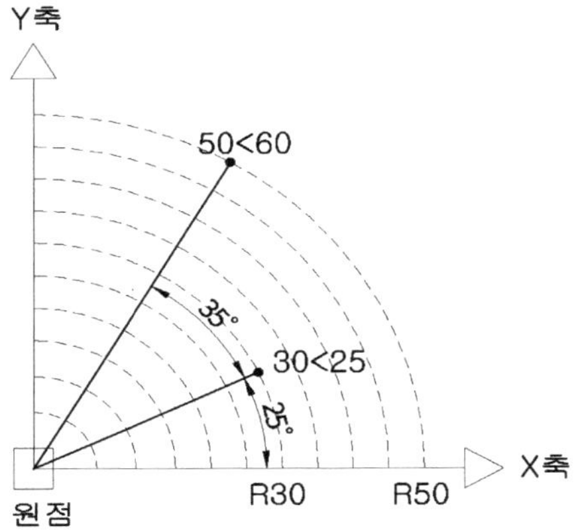

명령 : L Enter

· LINE 첫 번째 점 지정 : 0,0 Enter

· 다음 점 지정 또는 [명령 취소(U)] : 50 〈 60 Enter

[4] 상대 극좌표(거리 〈 각도)

마지막 입력된 점 또는 마우스로 클릭한 시작점으로부터 거리와 도를 통해 선을 작성하는 방식이다. 상대 좌표와 같이 좌표 값 앞에 @ 표시를 붙인다.

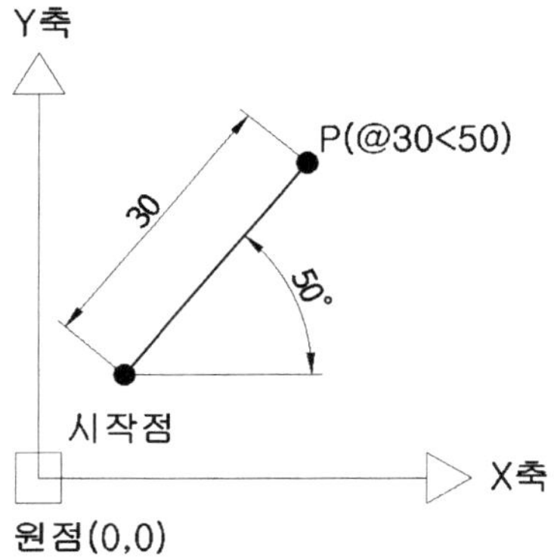

· 입력값 : 거리〈 각도

· 거리값 : 원점에서부터 P(좌표)점까지의 거리

· 극좌표 기호 : 〈

· 각도값 : X축과 이루는 각도
(반시계방향 + 값을, 시계방향 - 값을 취한다)

· 시작점으로부터 30mm의 거리와 50°인 좌표점

· 명령 : L(LINE) Enter

· LINE 첫 번째 점 지정 : 시작점 마우스 클릭 또는 좌표값 입력

· 다음 점 지정 또는 [명령 취소(U)] : @30 〈 50 Enter

● 상대 극좌표 이용한 선 그리기

· 명령 : L

· LINE 첫 번째 점 지정 : 시작점 마우스 클릭 또는 좌표값 입력

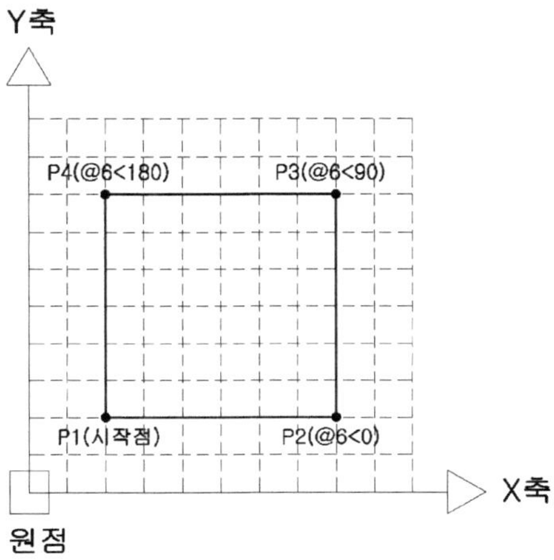

- 다음 점 지정 또는 [명령 취소(U)] :

  @6 〈 0 ↵ Enter

- 다음 점 지정 또는 [닫기(C) 명령 취소(U)]

  @6 〈 90 ↵ Enter

- 다음 점 지정 또는 [닫기(C) 명령 취소(U)] :

  @6 〈 180 ↵ Enter

- 다음 점 지정 또는 [닫기(C) 명령 취소(U)]

  : C 또는 @6 〈 270 ↵ Enter 및 마우스로 시작점 클릭

● 선의 종류

선을 그리면 외형선으로 작성되지만, 용도에 따라 중심선, 숨은선 등이 필요하게 된다.

선의 종류를 바꾸기 위해 다음과 같이 길이 100인 두 개의 선을 작성.

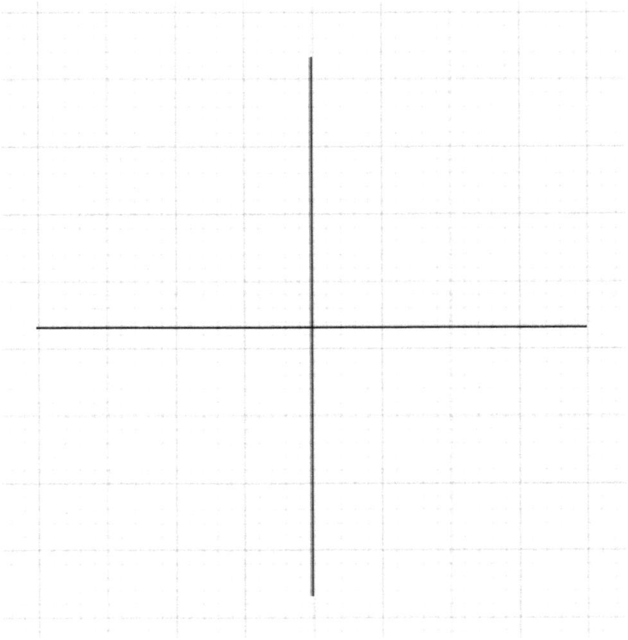

상단의 리본메뉴의 특성에서 선의 종류에 해당하는 메뉴를 보면 'ByLayer'가 기본값으로 설정됨.

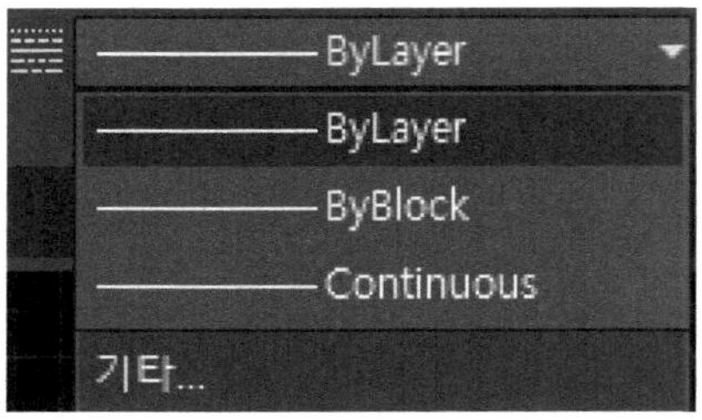

'ByLayer'옆에 작은 화살표를 클릭하면 외형선들만 설정되어 있음.

다른 선의 종류들을 불러오기 위해서 '기타...'클릭

'기타...' 클릭하면 다음과 같은 창이 나타나는데 '로드(L)...' 클릭

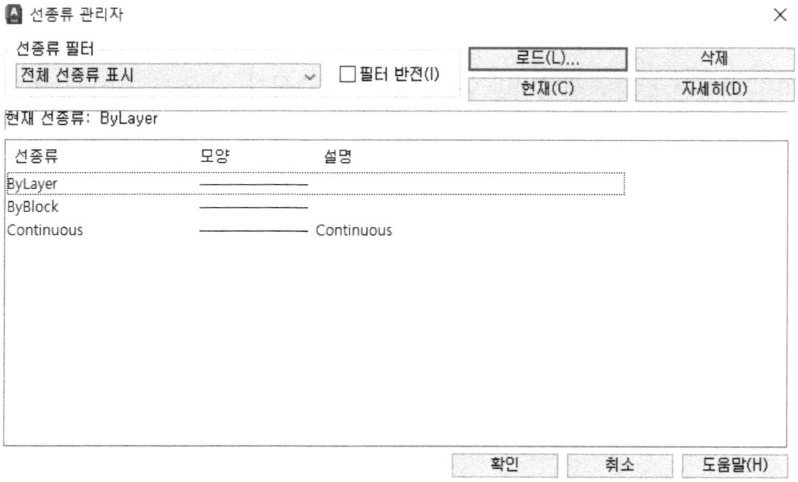

'로드(L)...' 클릭하면 다음과 같은 창이 나타나는데, 중심선을 작성하기 위해 CENTER를 찾아서 선택 후 확인

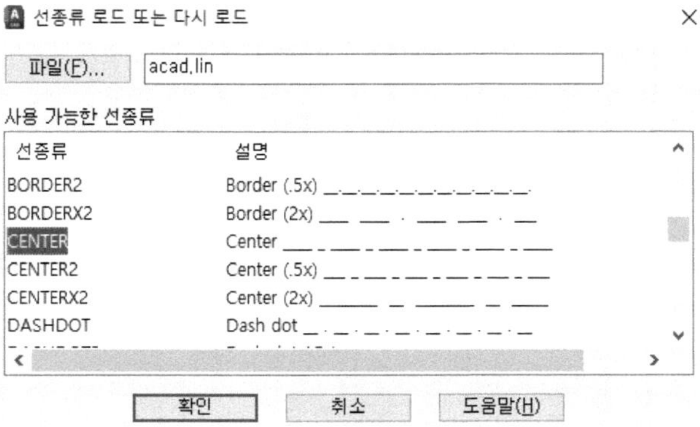

숨은선 작성을 위해 위의 작업을 반복하여 HIDDEN을 찾아서 선택 후 확인

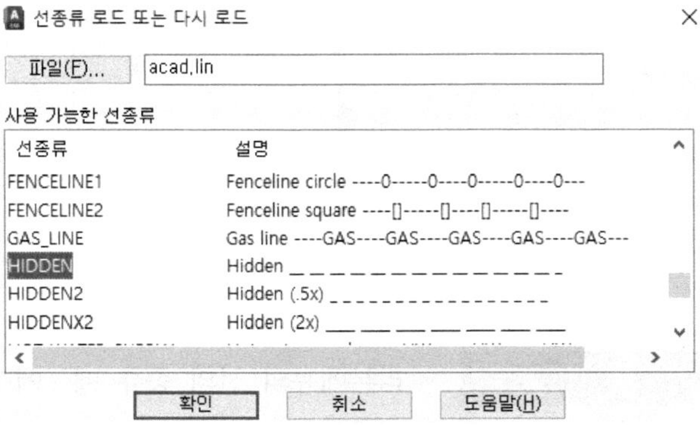

다음과 같이 중심선과 숨은선을 사용할 수 있도록 로드된 것을 확인

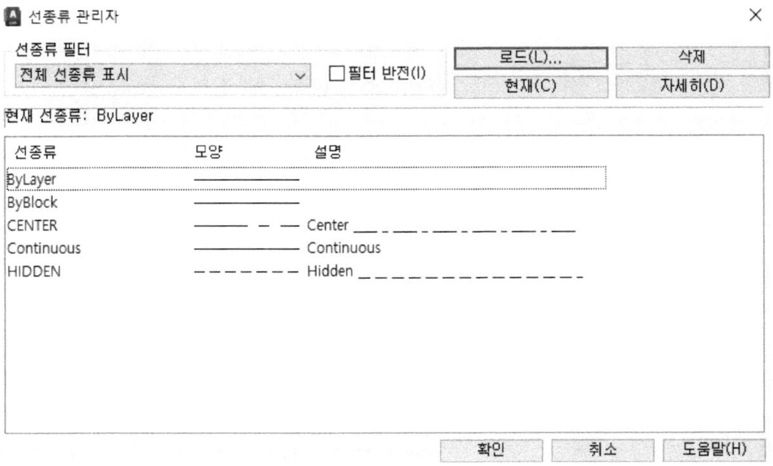

미리 작성된 선을 먼저 선택

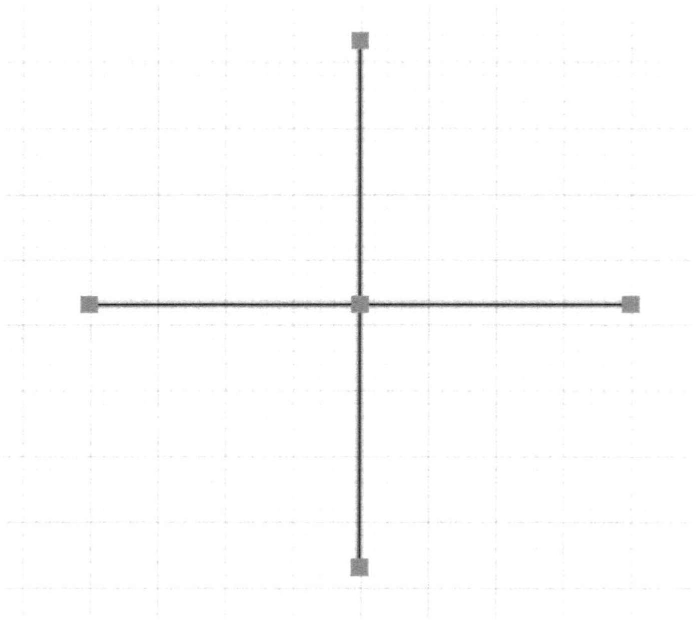

리본메뉴의 선의 종류 메뉴에서 CENTER 선택

다음과 같이 외형선이 중심선으로 바뀐 것을 확인할 수 있음

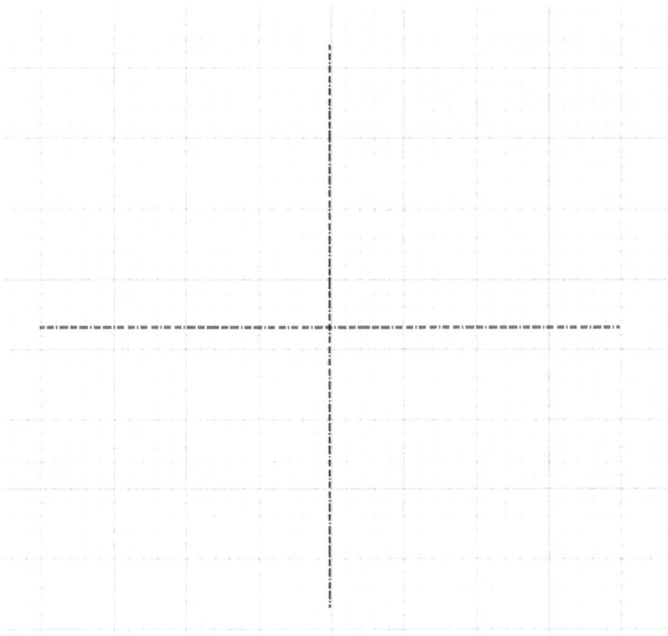

● **선의 축척**

명령 창에서 'LTSCALE' 입력 후 엔터

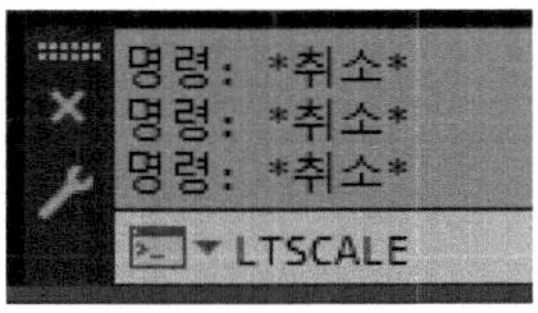

기본값이 1로 설정되어 있으며, '5'를 입력 후 엔터

● 선의 색상

일반적으로 도면은 흑백으로 출력합니다.

흑백으로 출력되기 때문에 전산응용기계제도기능사 자격증에서 제시하는 다음 표와 같이 작성된 도면의 중요도에 따라 선의 굵기로 구분합니다.

선의 굵기는 선의 색상에 따라 설정됩니다.

이 부분은 도면의 출력에서 설정되므로 여기서는 선의 색상을 바꾸는 부분만 다룹니다.

선 굵기	색 상	용 도
0.70 mm	하늘색(Cyan)	윤곽선, 중심 마크
0.50 mm	초록색(Green)	외형선, 개별주서 등
0.35 mm	노란색(Yellow)	숨은선, 치수문자, 일반주서 등
0.25 mm	빨강(Red), 흰색(White)	치수선, 치수보조선, 중심선, 해칭선 등

색상을 바꾸고자 하는 선을 선택

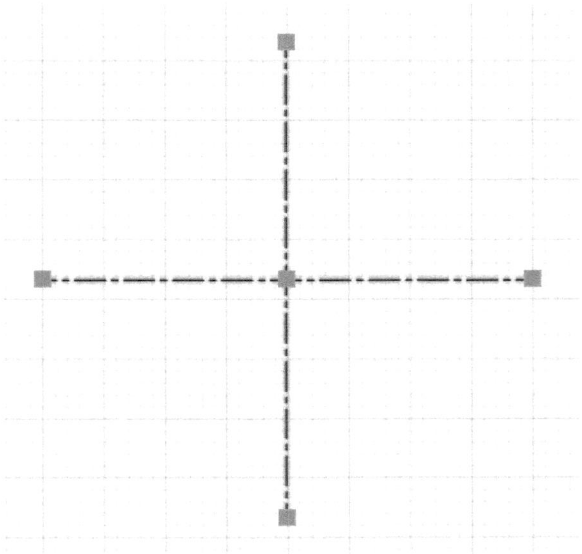

리본메뉴의 특성에서 색상에 해당하는 메뉴의 작은 화살표 클릭 후 바꾸고자 하는 색상 선택

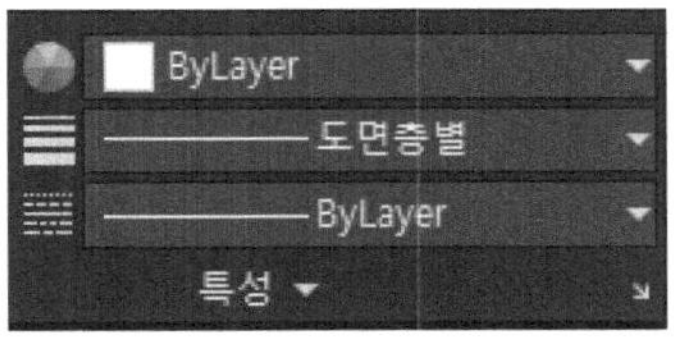

● 객체 스냅 설정(OSNAP)

도면 요소에는 도면 편집 시 좌표 지정에 많이 이용되는 끝점이나 중간점, 중심점, 교차점 등이 있다. 이러한 점에도 도면 영역에서처럼 스냅(SNAP)을 설정할 수 있는데, 이를 객체 스냅(Object Snap)이라한다.

명령 : OS(OSNAP) Enter

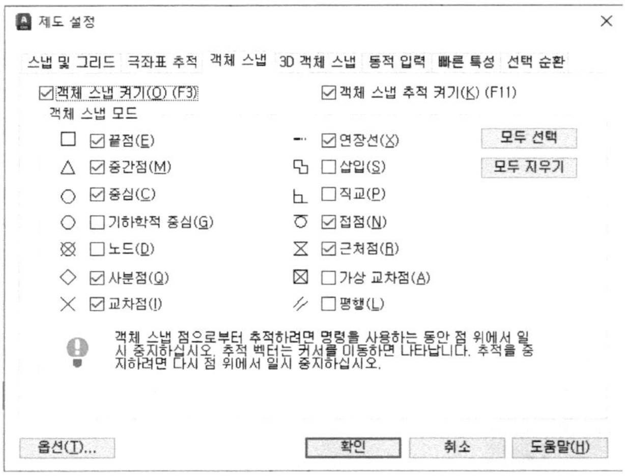

● 스냅 옵션

OSNAP 명령을 실행하면 위와 같은 대화상자가 표시되며, 다음과 같은 스냅 모드 옵션을 지정할 수 있다. 이 옵션은 다른 명령의 좌표 지정에도 사용할 수 있는데, 이때 옵션 이름의 앞 글자 3자만 입력하면 사용할 수 있다. ➔ 예 : END, MID, CEN 등

옵션	설명
끝점(Endpoint)	직선이나 호의 가장 가까운 끝점을 찾는다.
중간점(Midpoint)	직선이나 호의 가장 가까운 중간점을 찾는다.
교차점(Intersection)	객체들이 만나는 교차점을 찾는다.
중심(Center)	원이나 호의 중심점을 찾는다.
사분점(Quadrant)	원이나 호의 0°, 90°, 180°, 270°(동, 서, 남, 북) 네 방향에 있는 점 중 가장 가까운 한 점을 찾는다.
접점(Tangent)	객체들이 접하는 접점을 찾는다.
수직점(Perpendicular)	한 객체에서 다른 객체로의 수직 점을 찾는다.
노드(Node)	Divide나 Measure로 나누어 지정해둔 Point를 찾아간다.
근처점(Nearest)	현재 마우스 위치에서 객체위에 있는 가장 가까운 한 점을 찾는다.
삽입점(Insert)	Text, Block, Shape의 삽입점을 찾는다.
가상 교차점	두개체가 교차되는 가상점을 찾는다.

그리기, 편집 명령 중에 사용된다. 다른 명령 사용 중 사용되는 명령을 **투명명령**이라 하며 zoom, pan, cal 명령 등이 있다. 명령 행에 사용고자 할 때에는 (‘) 표시를 명령어 앞에 붙여서 사용할 수 있다. ➜ 예 : ’cal, ‘pan, ‘zoom .....

(5) LINE 명령 활용 예제(절대 좌표 및 상대 좌표)

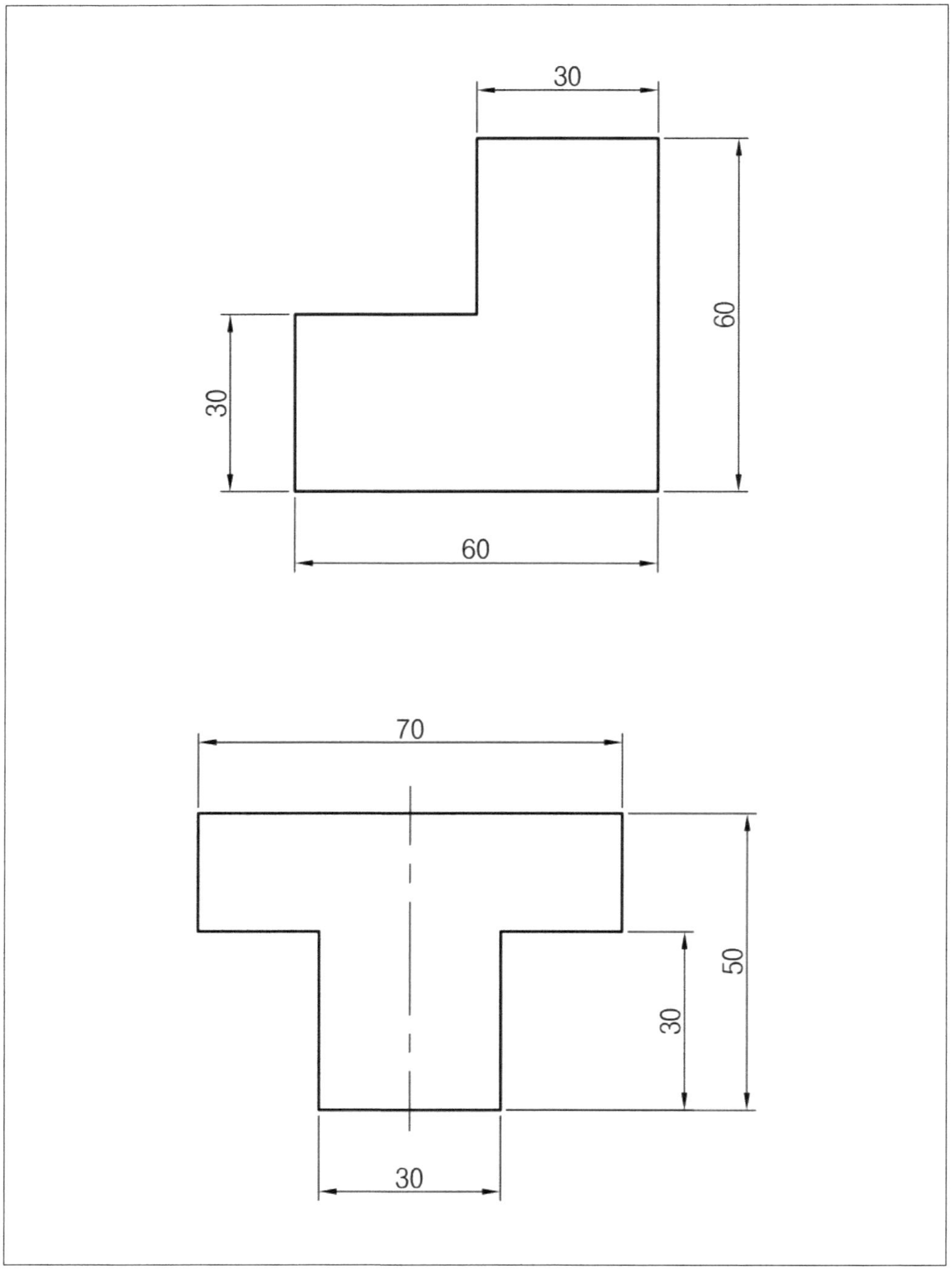

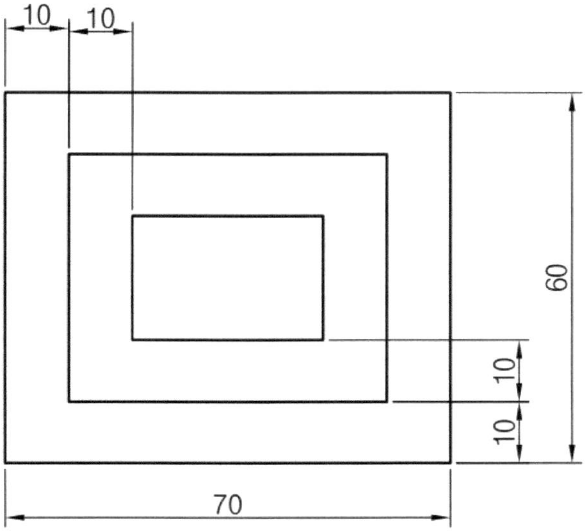
10
10
60
10
10
70

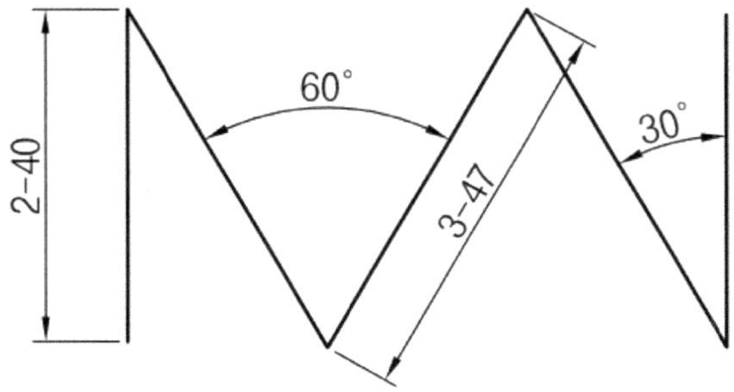
2-40
60°
3-47
30°

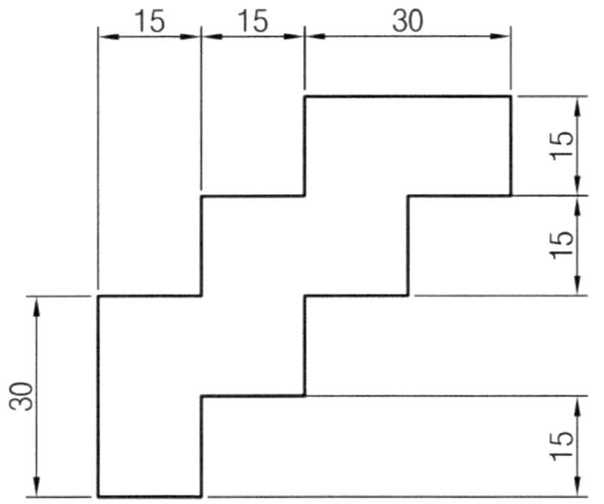
15
15
30
15
15
30
15

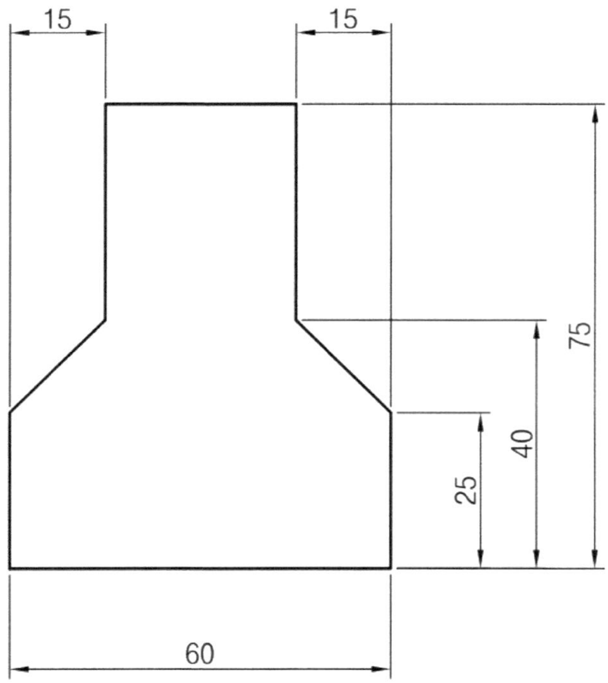
15
15
75
40
25
60

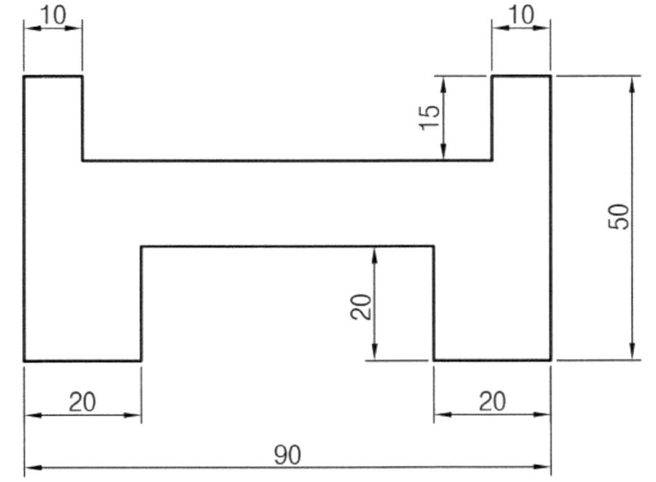
10
10
15
50
20
20
20
90

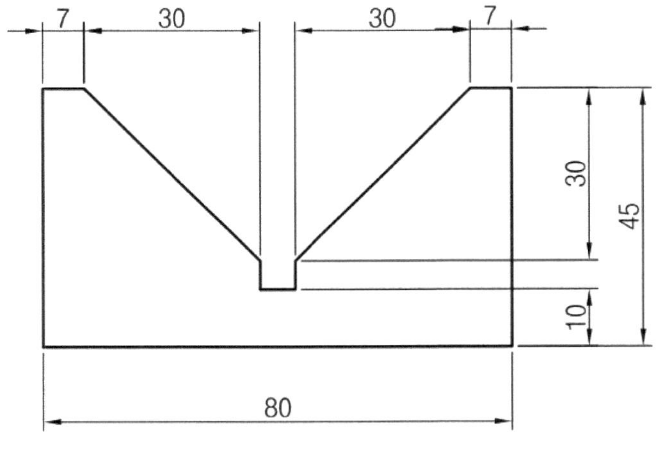
7
30
30
7
30
45
10
80

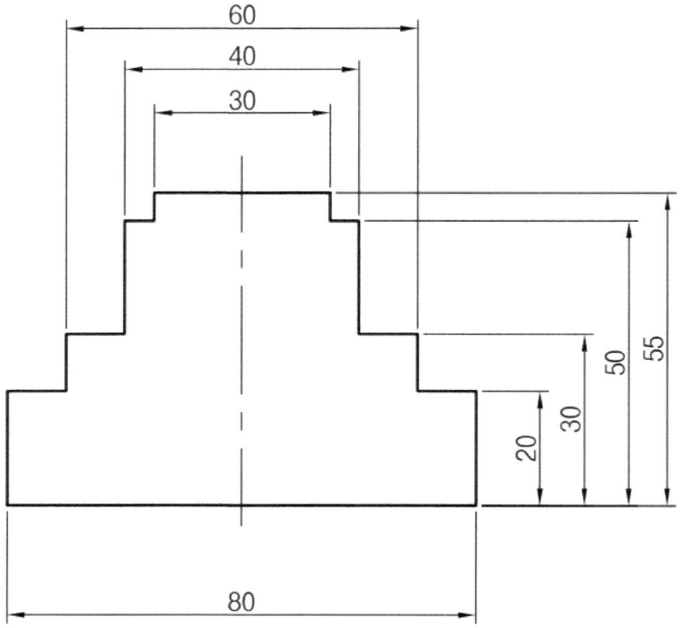
60
40
30
55
50
30
20
80

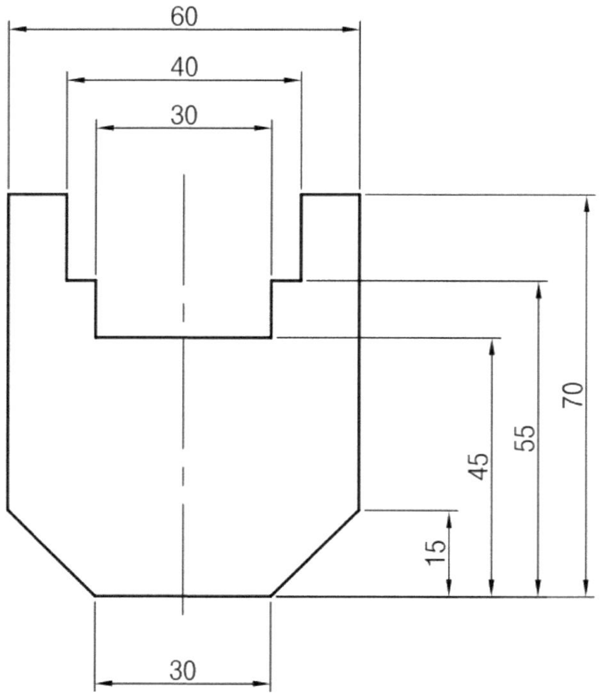
60
40
30
70
55
45
15
30

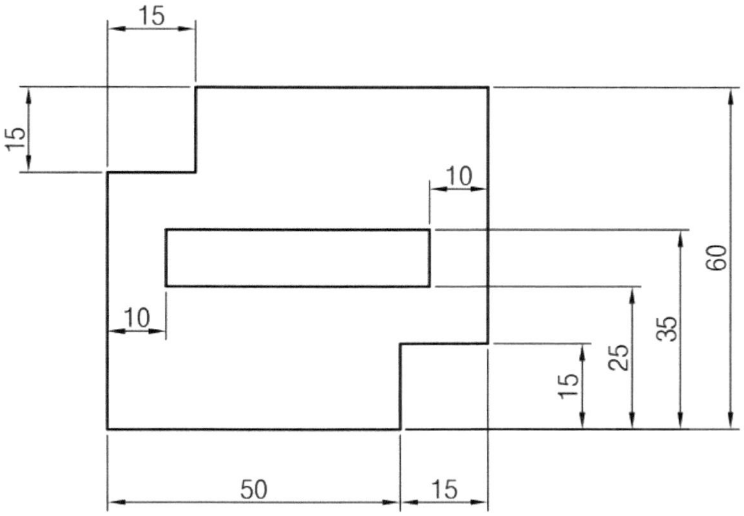
15
15
10
10
60
35
25
15
50
15

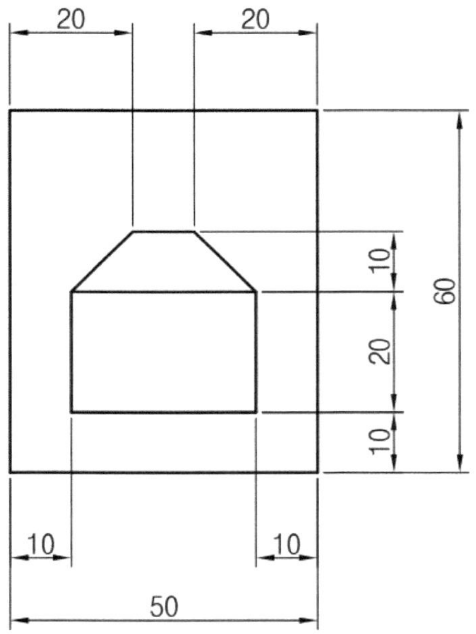
20
20
10
20
10
60
10
10
50

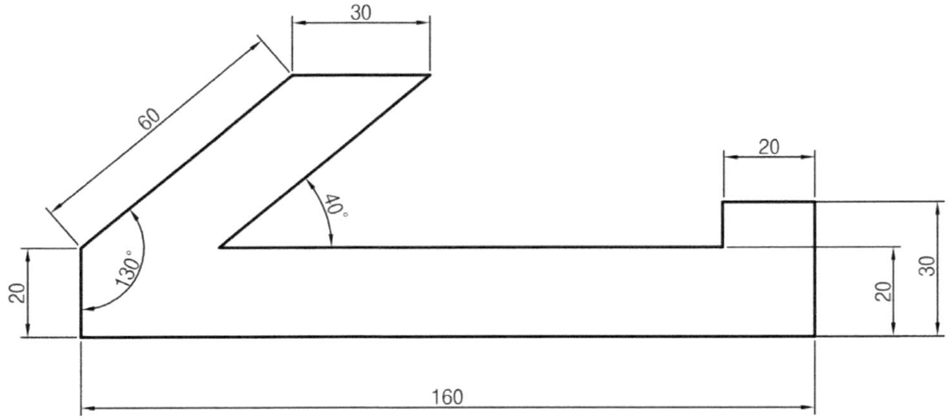
30
60
20
40°
130°
20
20
30
160

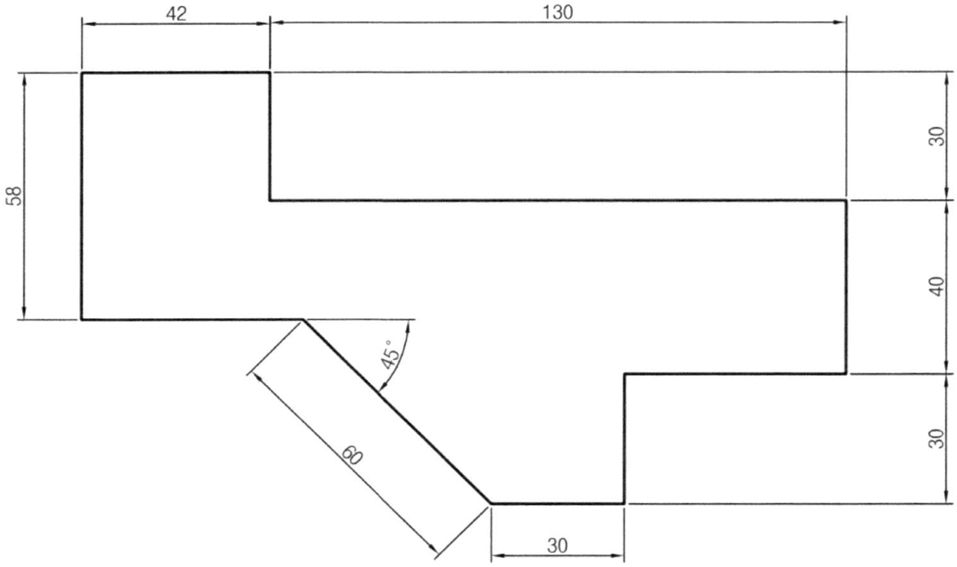
42
130
58
30
40
45°
60
30
30

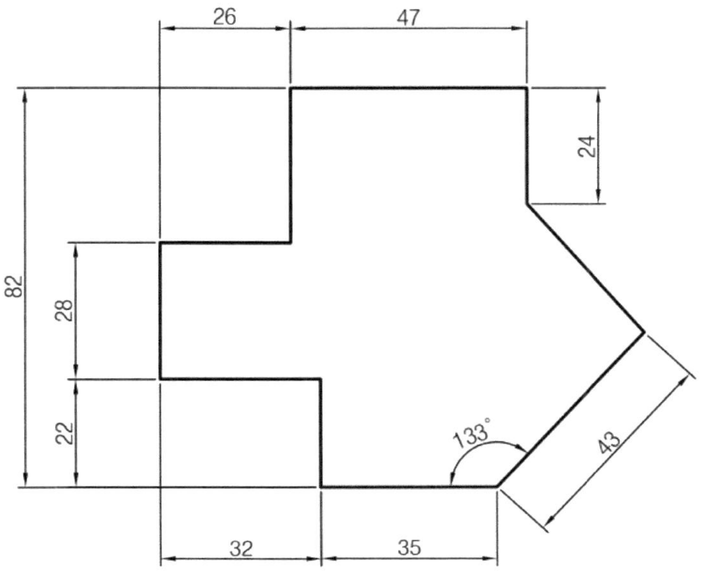
26
47
24
82
28
22
133°
43
32
35

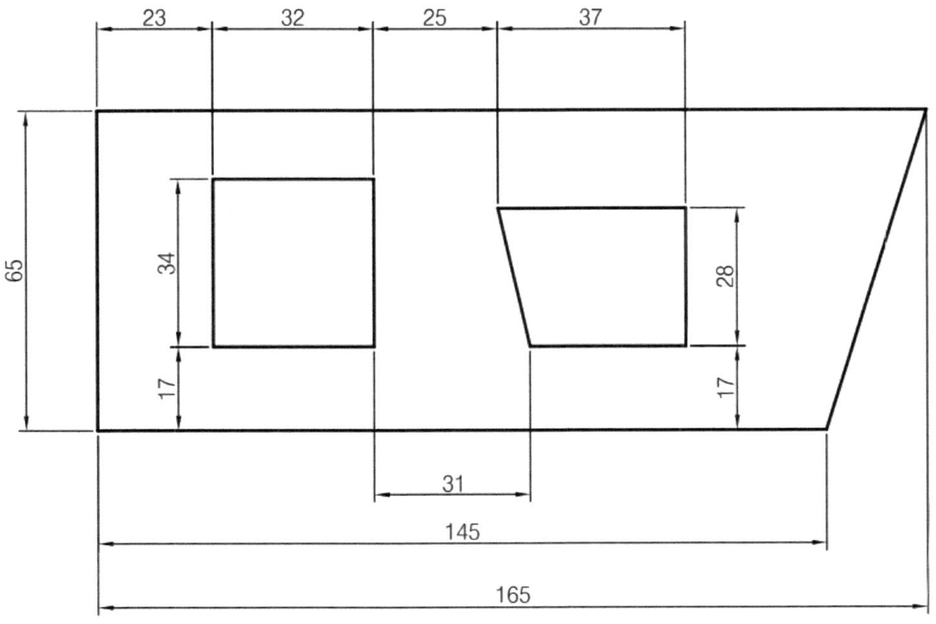
23
32
25
37
65
34
17
28
17
31
145
165

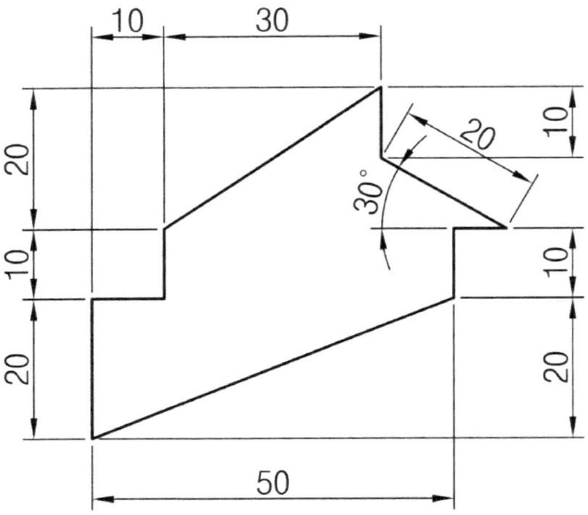
10
30
20
10
20
10
20
10
20
30°
50

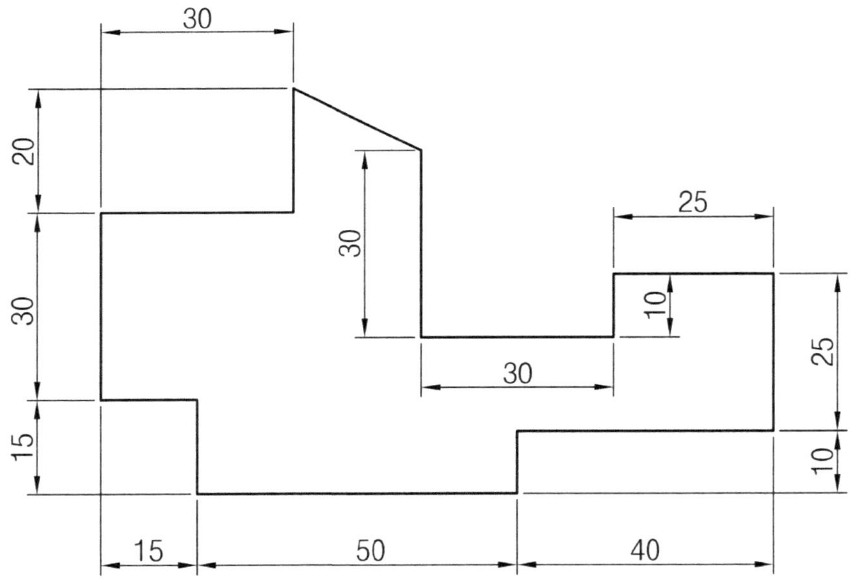
30
20
30
15
30
25
10
25
10
30
15
50
40

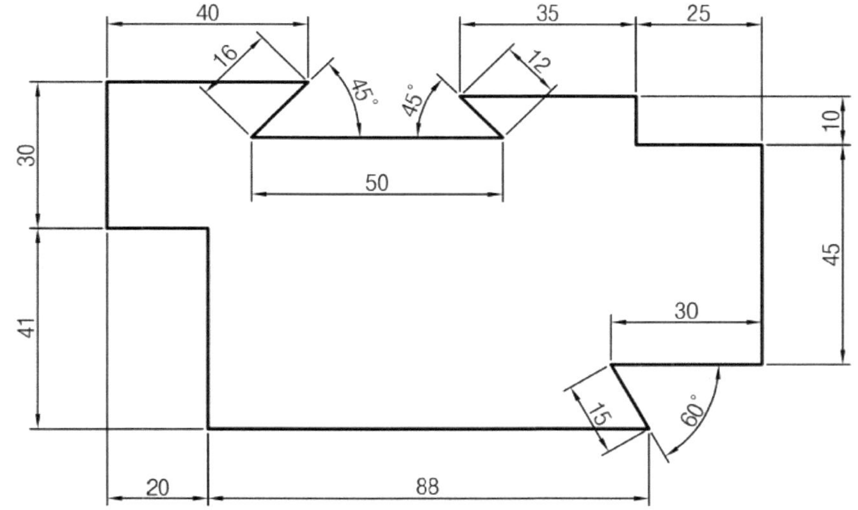
40
16
45°
45°
12
35
25
30
10
50
41
45
30
15
60°
20
88

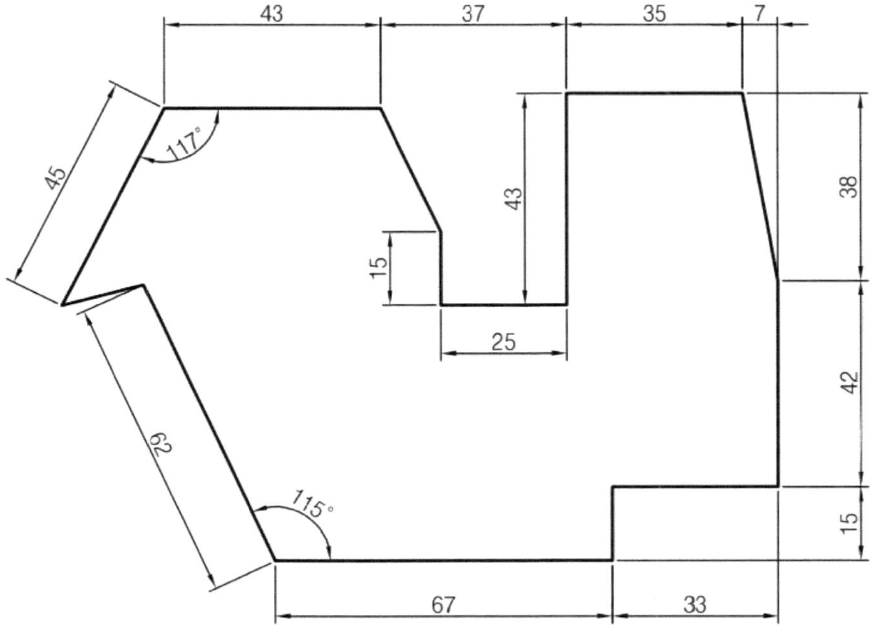
43
37
35
7
117°
45
15
43
38
25
62
42
115°
15
67
33

2. 원(CIRCLE) 그리기

명령 : CIRCLE, 단축키 : C

CIRCLE 명령은 원을 그리는 명령어이다. 원을 그리는 방법으로는 중심점과 지름을 이용한 방법, 중심점과 반지름을 이용하는 방법, 세 점을 이용하는 방법, 두 점을 이용하는 방법, 접선을 이용하는 방법이 있다.

[1] 반지름을 이용한 원 그리기

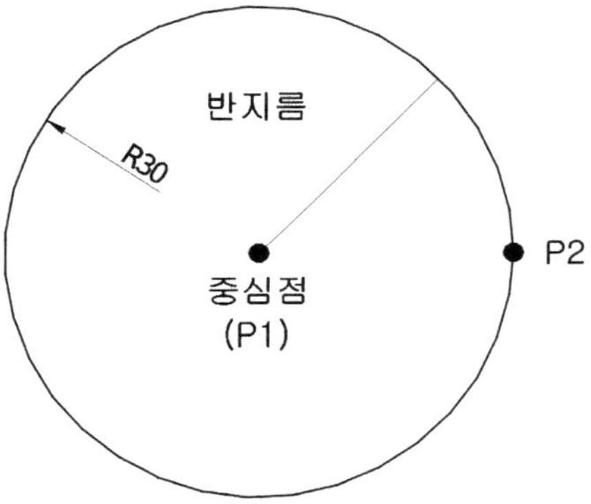

- 반지름(R)값을 입력하여 원을 그린다.
- 원의 중심점 지정 : 원의 중심점을 클릭 또는 좌표점 입력
- 원의 반지름 지정 : 원의 반지름 값을 입력한다.
- 명령 : C(CIRCLE) Enter
- CIRCLE 원에 대한 중심점 지정 또는 [3점(3P)/2점(2P)/TTR-접선 접선 반지름/TTT-접선 접선 접선] : 시작점(P1) 마우스 클릭 또는 좌표값 입력
- 원의 반지름 지정 또는 [지름(D)] : 30 Enter

[2] 지름을 이용한 원 그리기

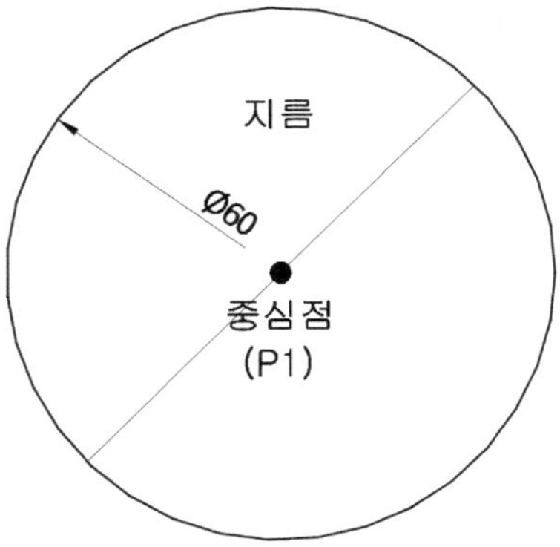

- 지름(D)값을 입력하여 원을 그린다.
- 원의 중심점 지정 : 원의 중심점을 클릭 또는 좌표점 입력
- 원의 지름 지정 : 원의 지름 값을 입력한다.
- 명령 : C(CIRCLE) Enter
- CIRCLE 원에 대한 중심점 지정 또는 [3점(3P)/2점(2P)/TTR-접선 접선 반지름/ TTT-접선 접선 접선] : 시작점(P1) 마우스 클릭 또는 좌표값 입력
- 원의 반지름 지정 또는 [지름(D)] : D 클릭
- 원의 지름을 지정함 : 60 Enter

[3] 2점(2P)을 이용한 원 그리기

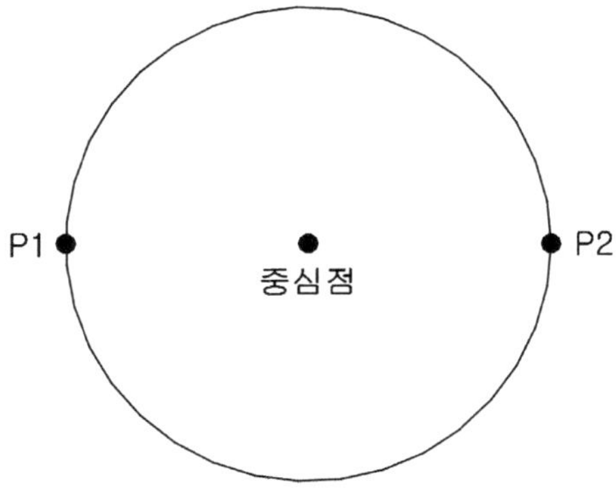

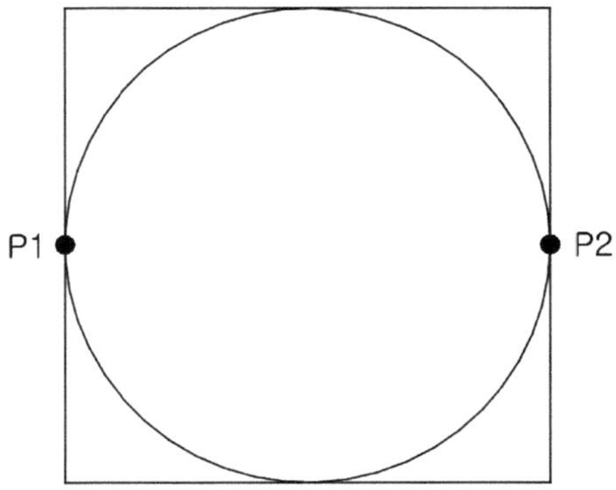

- 2점이 원주를 지나는 원을 그린다.
- 원의 중심점 및 반지름(지름) 값 지정하지 않고 원을 작성할 수 있다.
- 명령 : C(CIRCLE) Enter
- CIRCLE 원에 대한 중심점 지정 또는 [3점(3P)/2점(2P)/TTR-접선 접선 반지름/ TTT-접

선 접선 접선] : 2P Enter

- 원의 첫 번째 점 지정 : P1 클릭 또는 좌표값 입력 Enter
- 두 번째 점 지정 : P2 클릭 또는 좌표값 입력 Enter

[4] 3점(3P)을 이용한 원 그리기

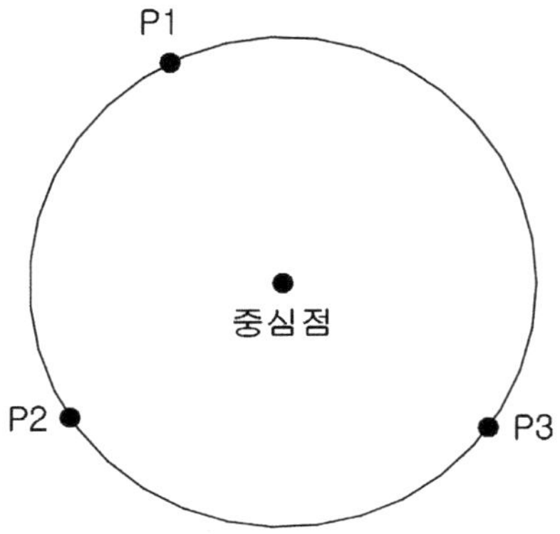

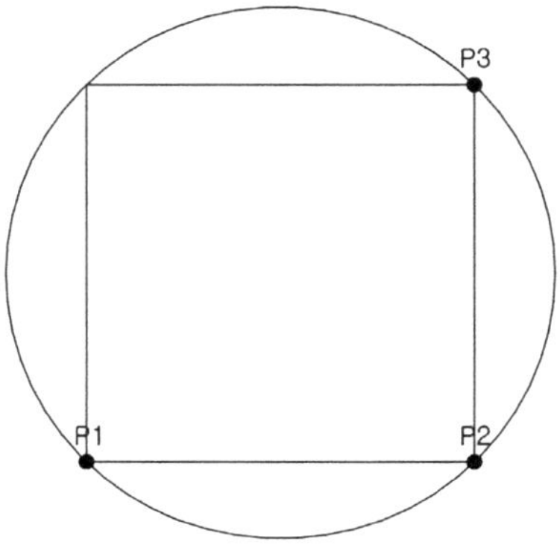

- 3점이 원주를 지나는 원을 그린다.
- 원의 중심점 및 반지름(지름) 값 지정하지 않고 원을 작성할 수 있다.
- 명령 : C(CIRCLE) Enter
- CIRCLE 원에 대한 중심점 지정 또는 [3점(3P)/2점(2P)/TTR-접선 접선 반지름/TTT-접선 접선 접선] : 3P Enter
- 원의 첫 번째 점 지정 : P1 클릭 또는 좌표값 입력 Enter
- 두 번째 점 지정 : P2 클릭 또는 좌표값 입력 Enter
- 세 번째 점 지정 : P3 클릭 또는 좌표값 입력 Enter

[5] TTR(접선 접선 반지름)을 이용한 원 그리기

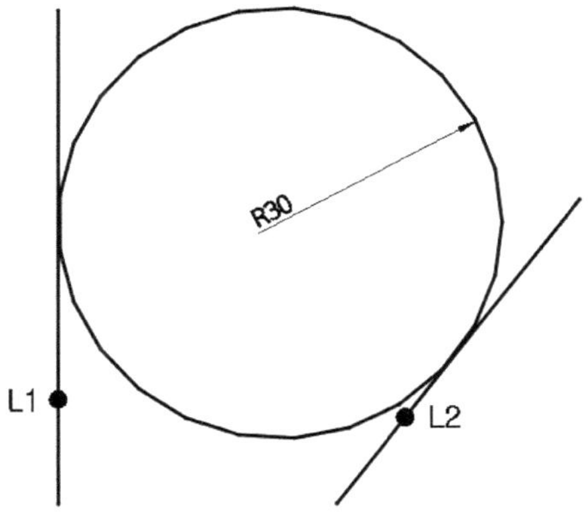

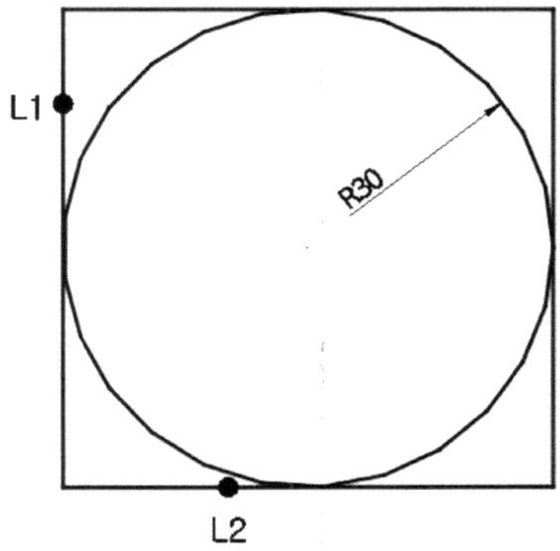

- 3점이 원주를 지나는 원을 그린다.
- 원의 중심점 및 반지름(지름) 값 지정하지 않고 원을 작성할 수 있다.
- **명령** : C(CIRCLE) Enter
- CIRCLE 원에 대한 중심점 지정 또는 [3점(3P)/2점(2P)/TTR-접선 접선 반지름/TTT-접선 접선 접선] : TTR Enter
- 원의 첫 번째 점 지정 : L1 클릭
- 두 번째 점 지정 : L2 클릭
- 원의 반지름 지정 : 30 Enter

[6] TTT(접선 접선 접선)를 이용한 원 그리기

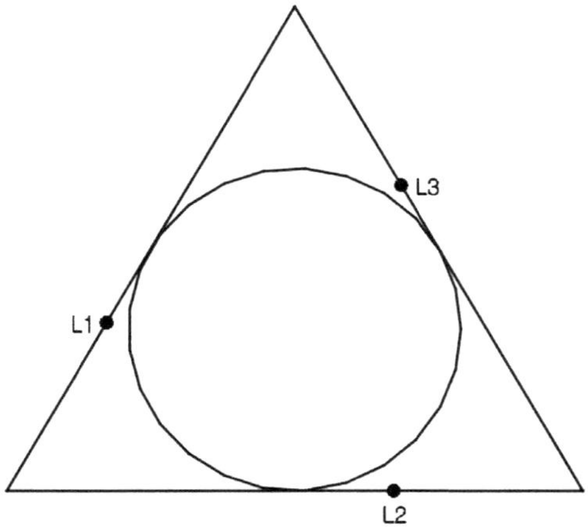

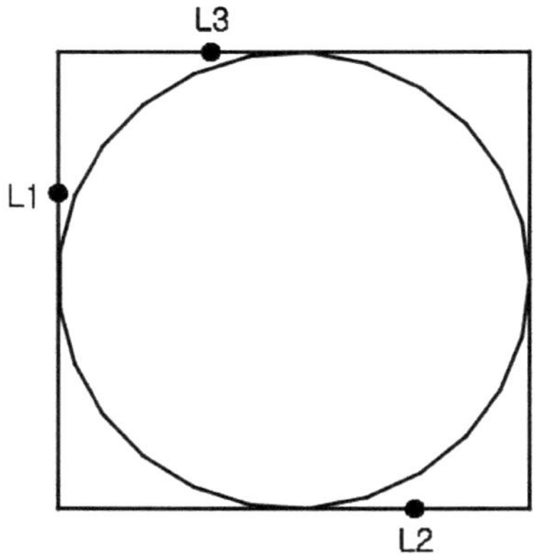

- 3점이 원주를 지나는 원을 그린다.
- 원의 중심점 및 반지름(지름) 값 지정하지 않고 원을 작성할 수 있다.
- 명령 : C(CIRCLE) Enter
- CIRCLE 원에 대한 중심점 지정 또는 [3점(3P)/2점(2P)/TTR-접선 접선 반지름/TTT-접선 접선 접선] : TTT Enter
- 원의 첫 번째 점 지정 : L1 클릭
- 두 번째 점 지정 : L2 클릭
- 세 번째 점 지정 : L3 클릭

[7] CIRCLE 명령 활용 예제

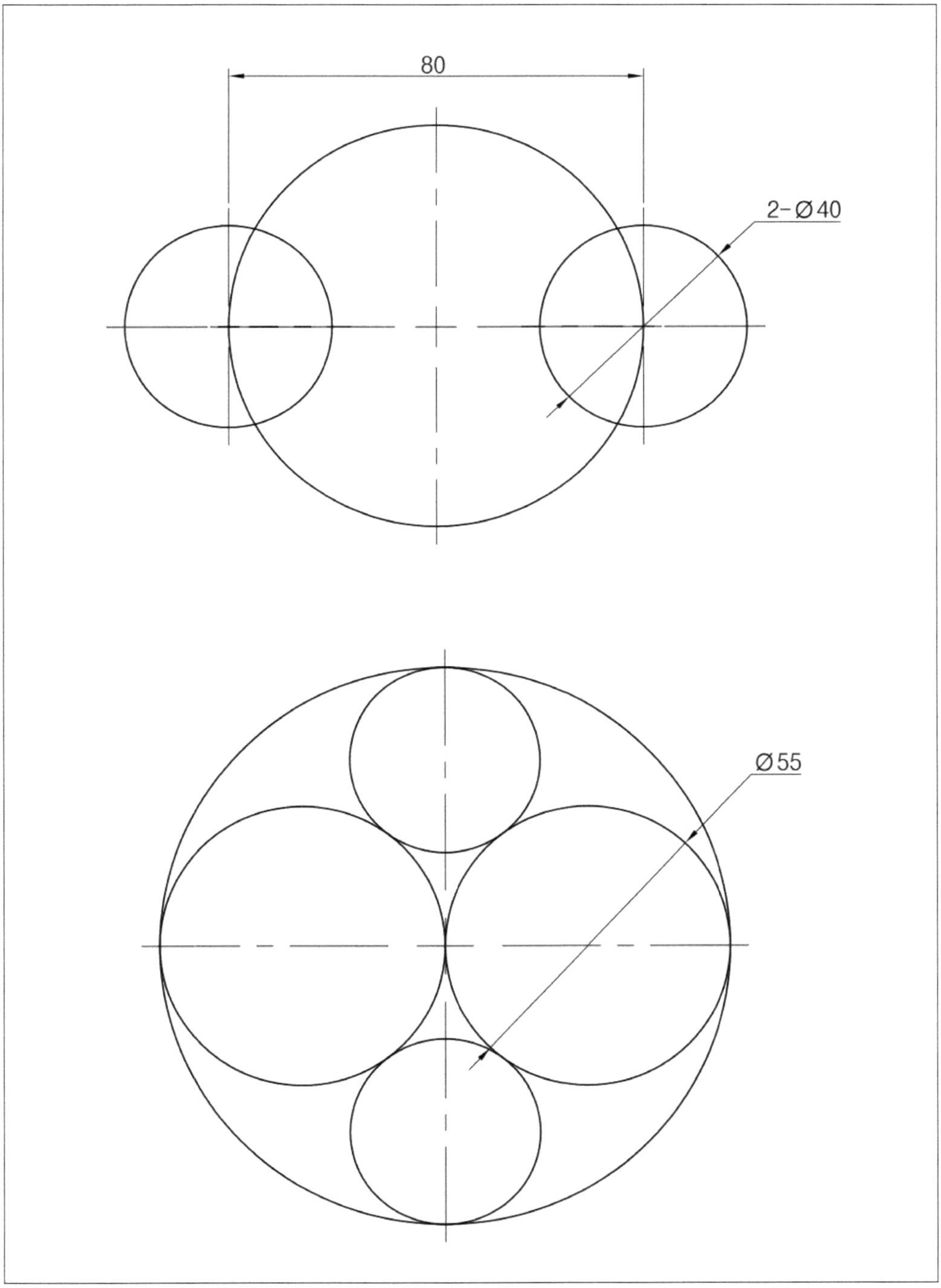

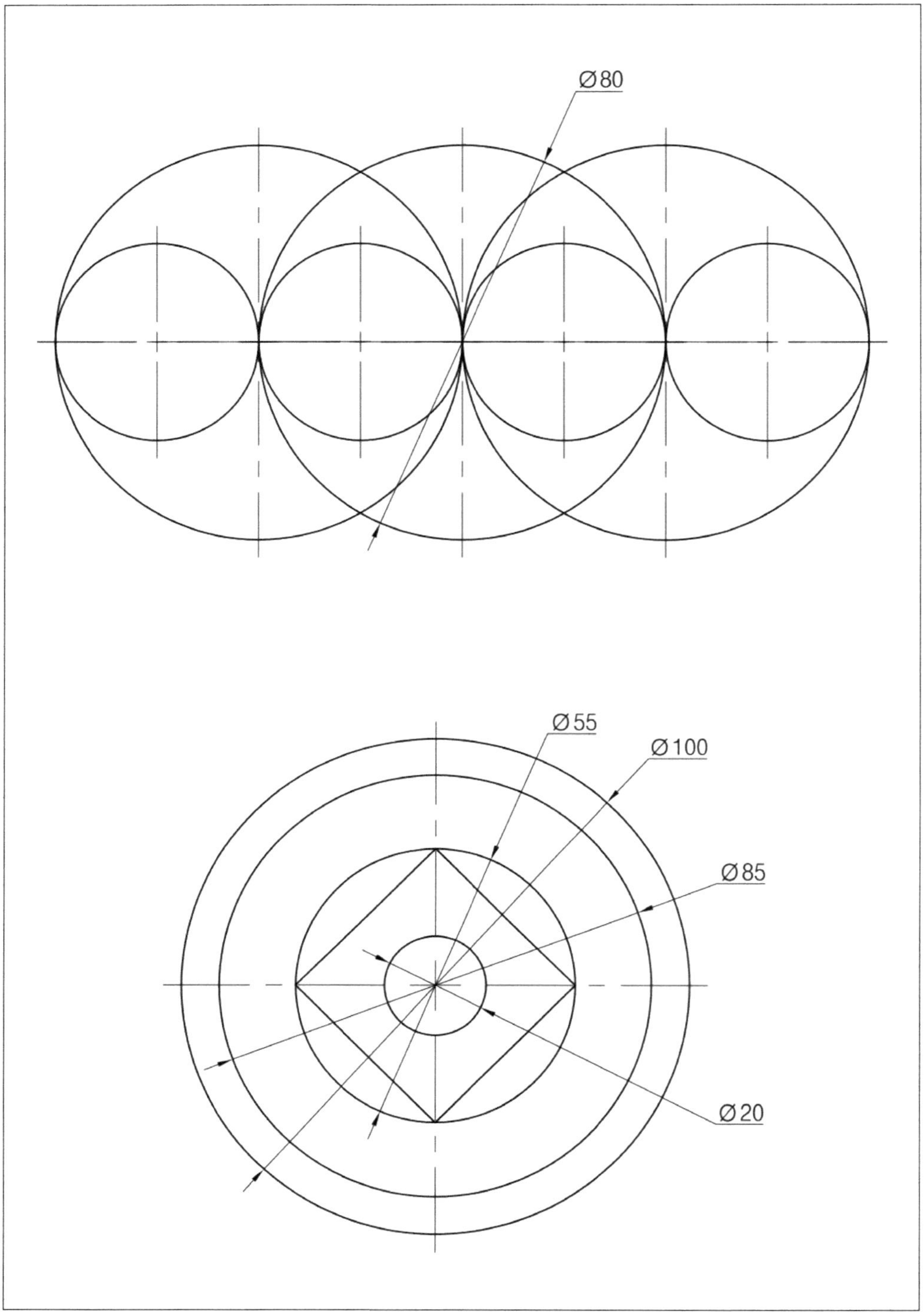
Ø80
Ø55
Ø100
Ø85
Ø20

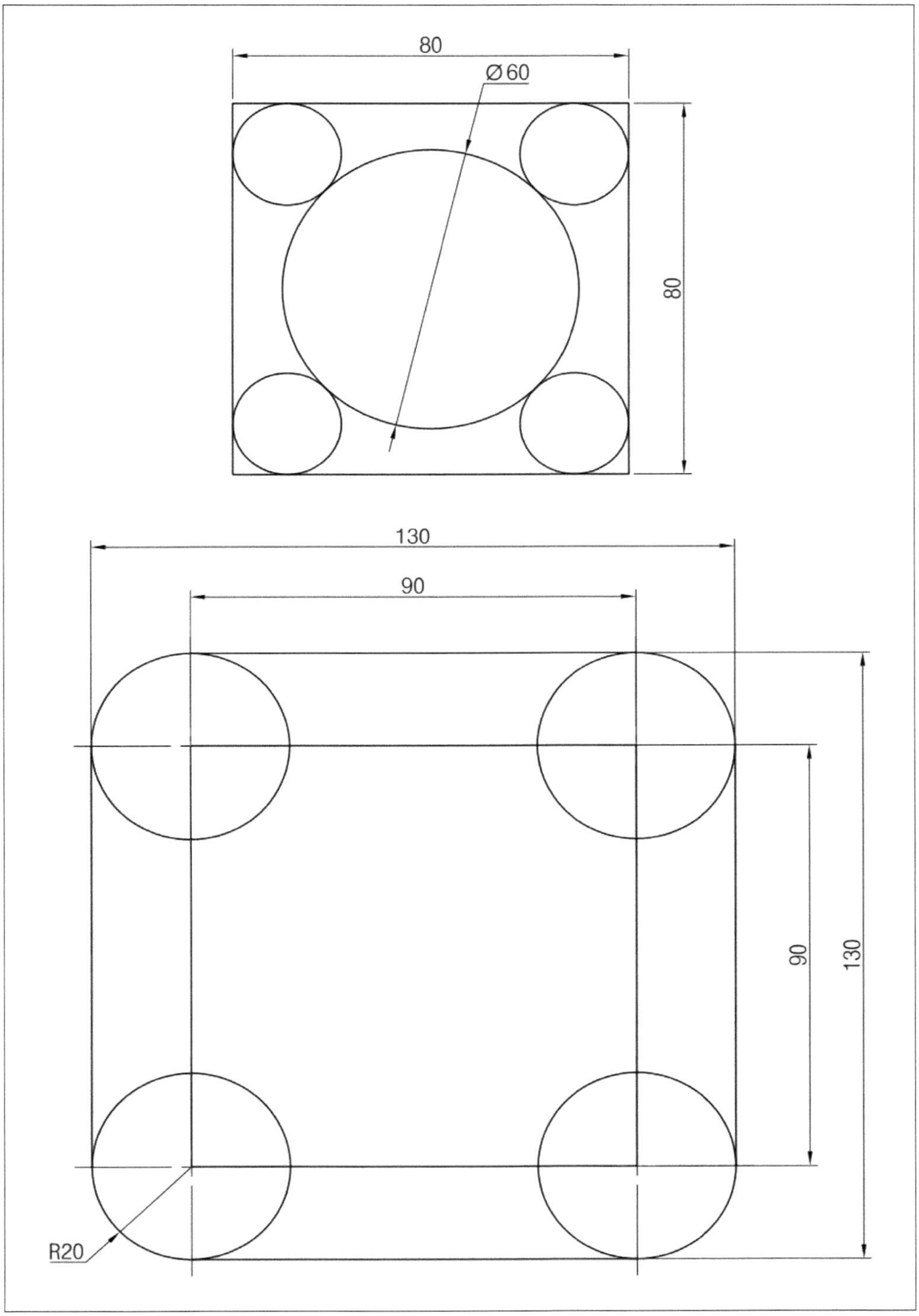
80
Ø60
80
130
90
90
130
R20

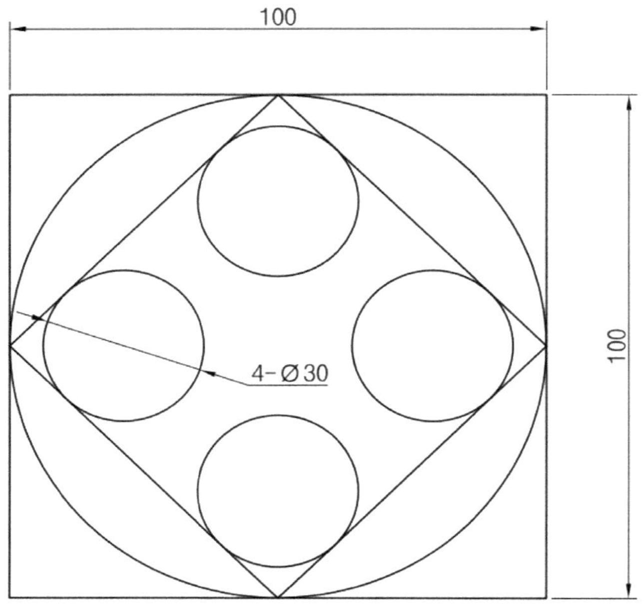
100
100
4-Ø30

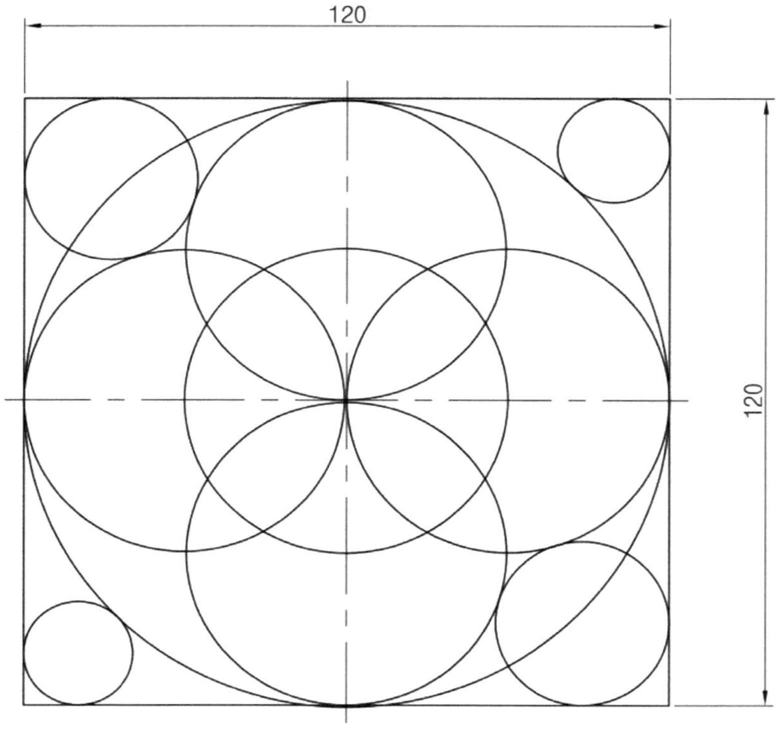
120
120

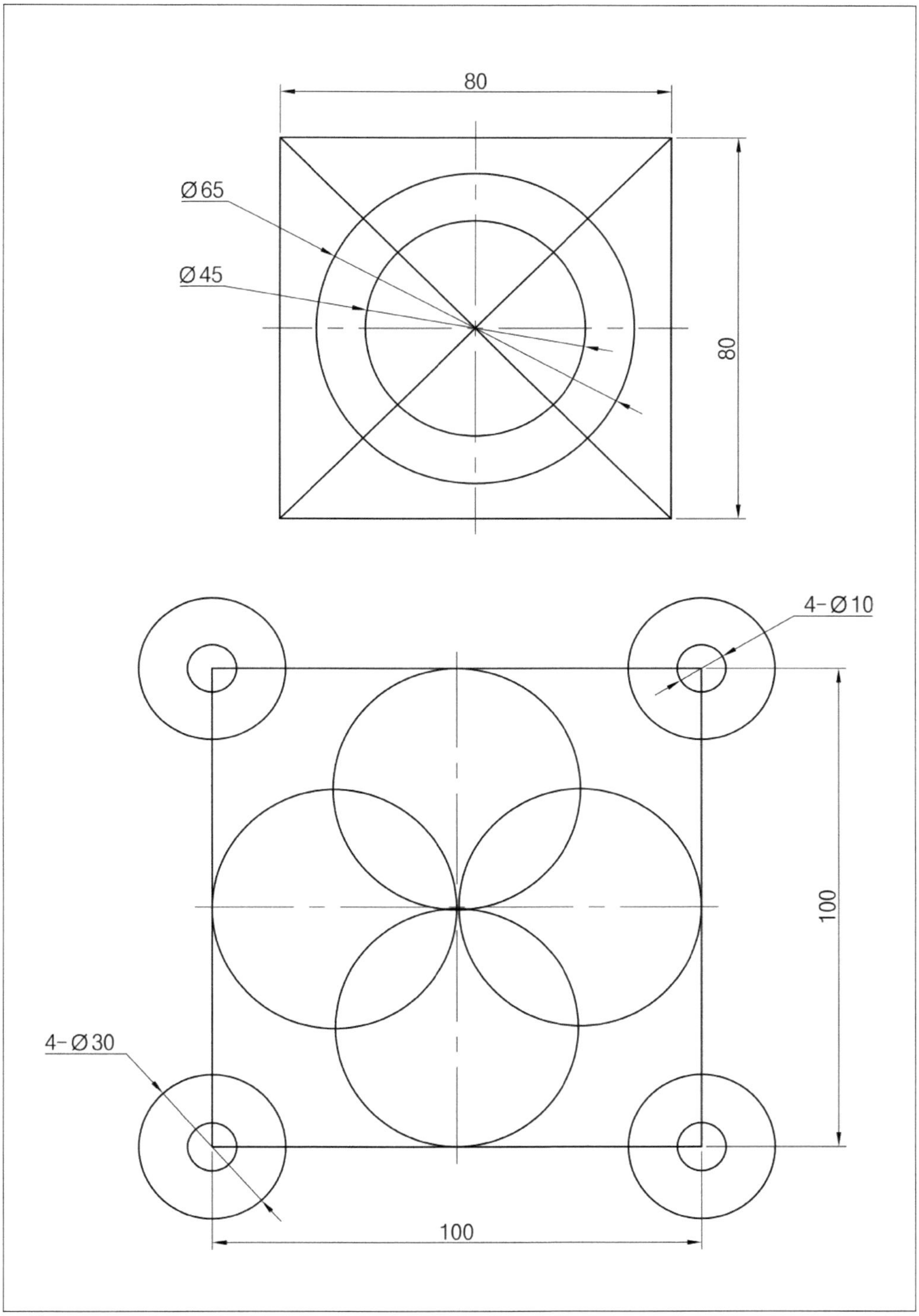
80
Ø65
Ø45
80
4-Ø10
100
4-Ø30
100

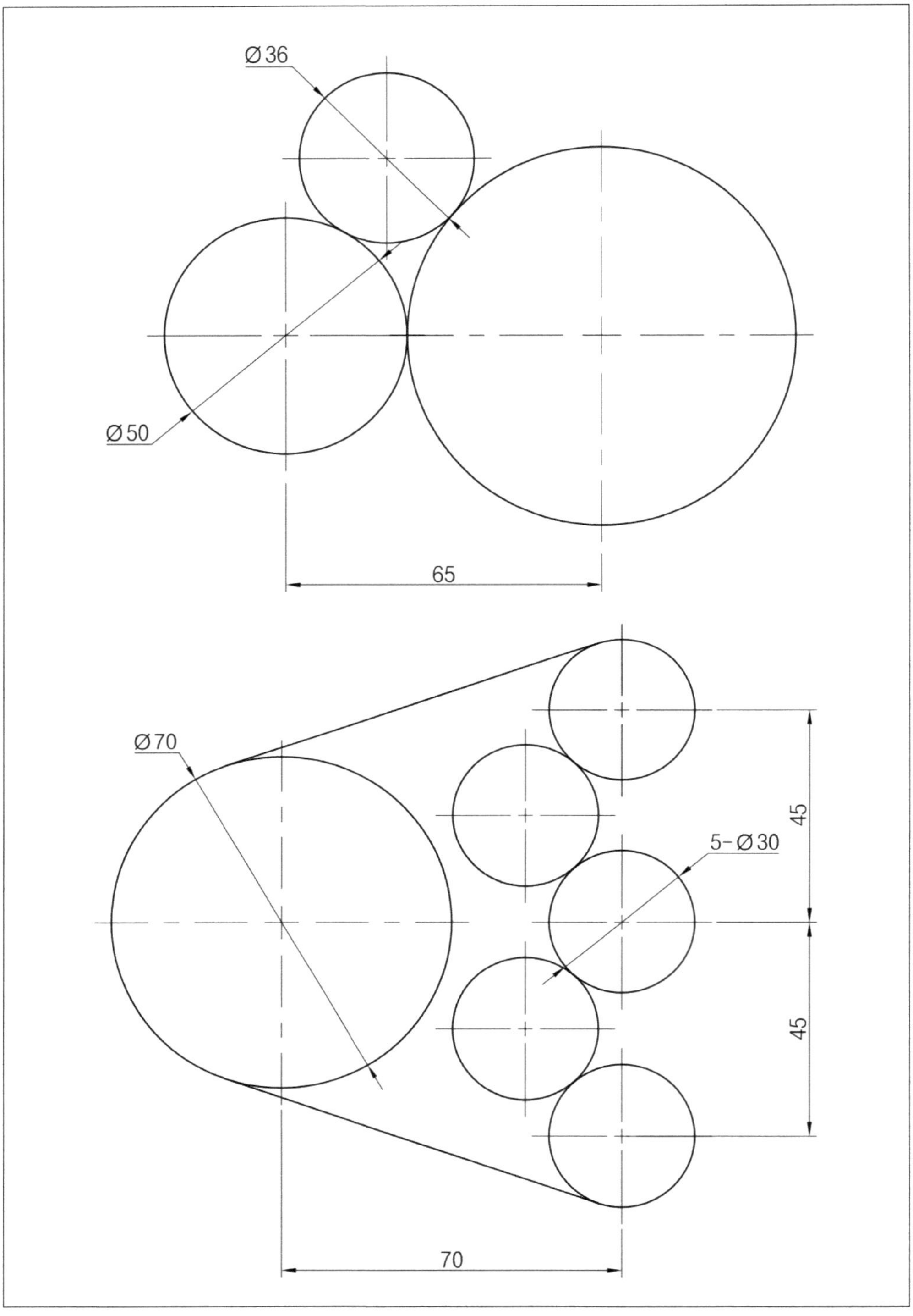
Ø36
Ø50
65
Ø70
45
5-Ø30
45
70

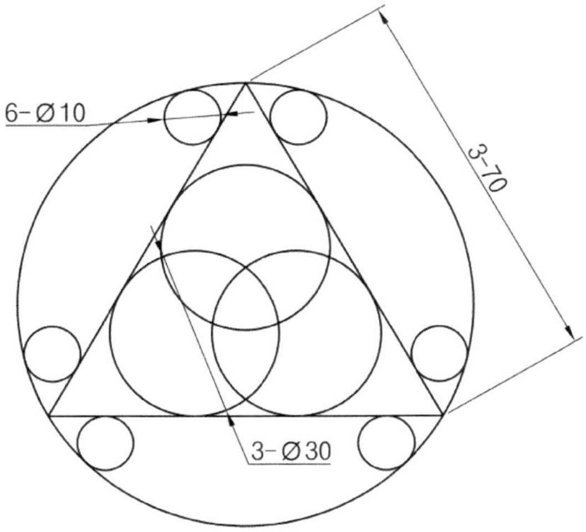
6-Ø10
3-70
3-Ø30

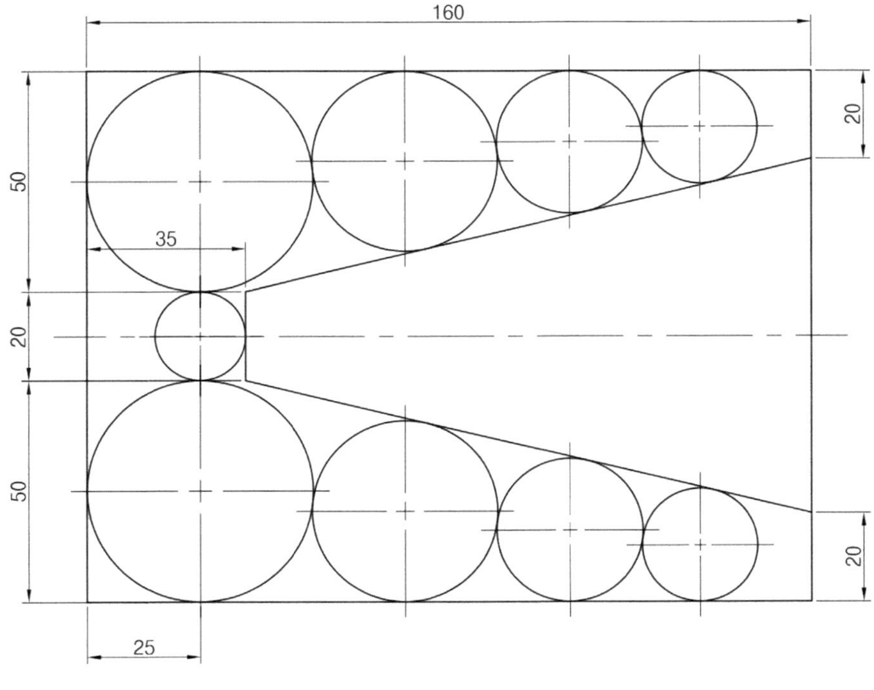
160
20
50
35
20
50
20
25

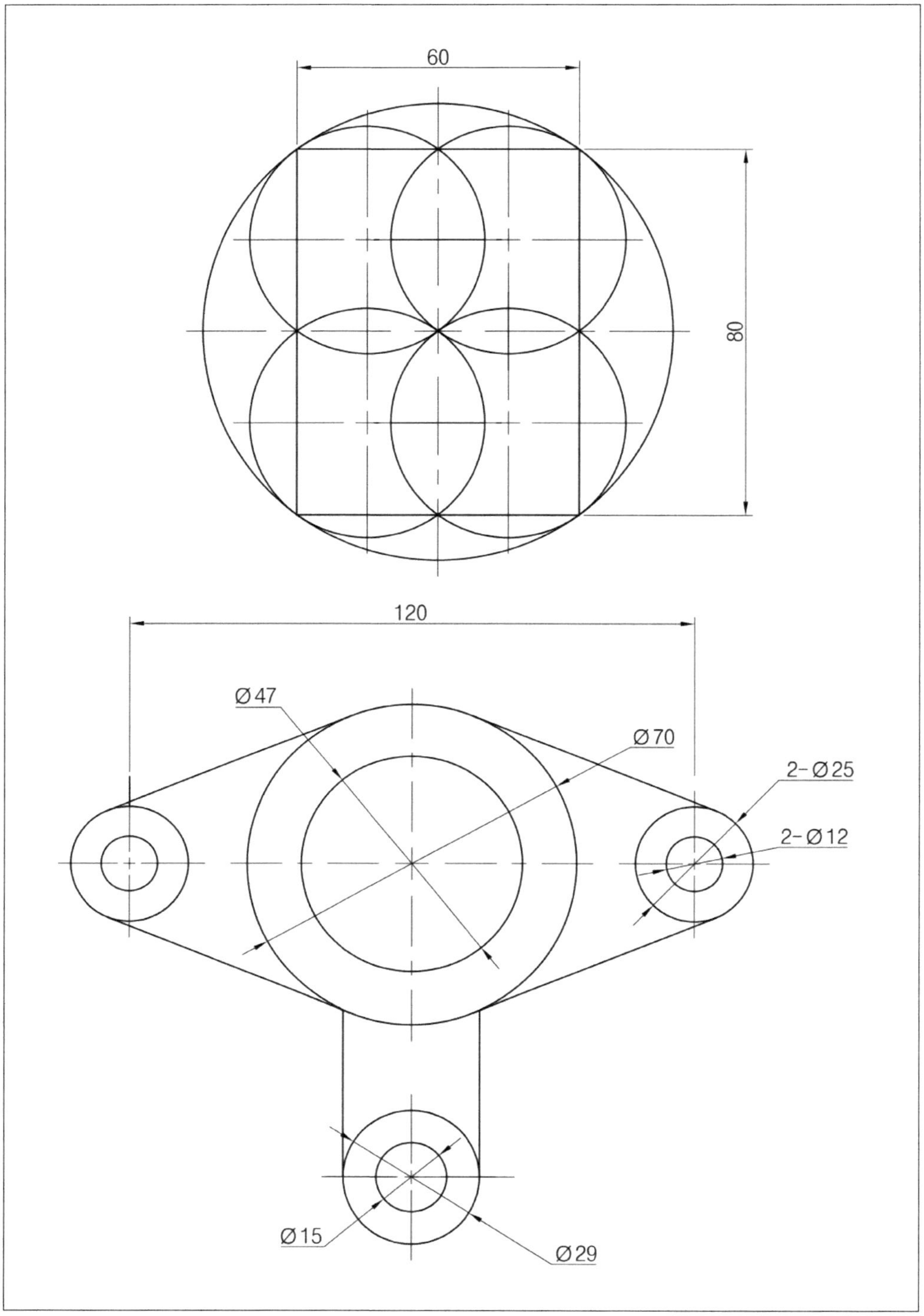
60
80
120
Ø47
Ø70
2-Ø25
2-Ø12
Ø15
Ø29

3. 호(ARC) 그리기

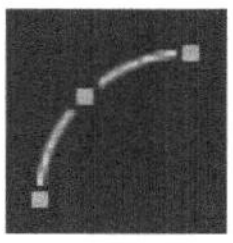

명령 : ARC, 단축키 : A

ARC는 호를 그리는 명령어이다. 호를 그리는 방법은 다양한 방법을 활용하여 그릴 수 있다. 여기서는 호의 구성요소 및 호를 그리는 방법에 대해서 설명한다.

호는 시작점, 중심점, 끝점, 반지름, 현의길이, 각도를 이용하여 그릴 수 있다.

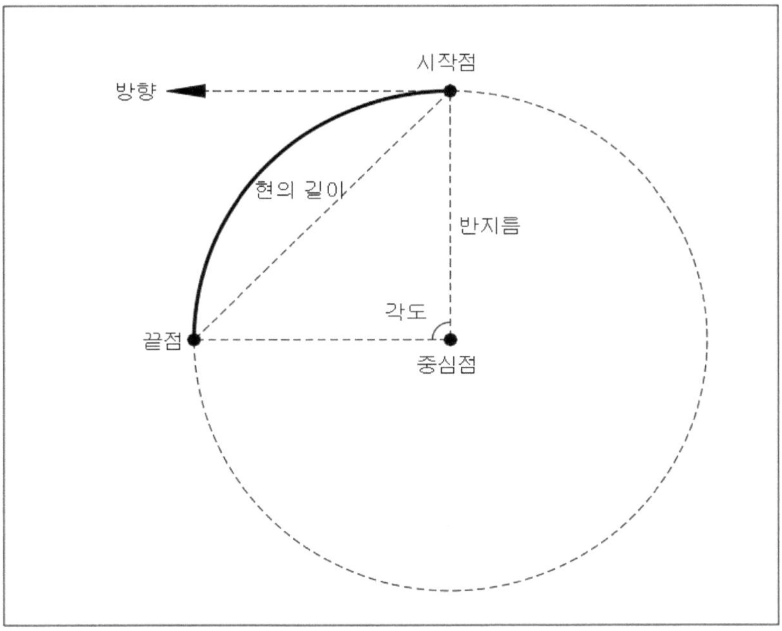

옵션	설명
3점 그리기	지정한 3점을 지나는 호를 그린다.
시작점, 중심점, 끝점	시작점과 중심점, 끝점을 차례로 지정하여 호를 그린다.
시작점, 중심점, 각도	시작점과 중심점, 각도를 차례로 지정하여 호를 그린다.
시작점, 중심점, 현의길이	시작점과 중심점, 현의길이를 차례로 지정하여 호를 그린다.
시작점, 끝점, 각도	시작점과 끝점, 각도를 차례로 지정하여 호를 그린다.
시작점, 끝점, 방향	시작점과 끝점, 방향을 차례로 지정하여 호를 그린다.
시작점, 끝점, 반지름	시작점과 끝점, 반지름을 차례로 지정하여 호를 그린다.
중심점, 시작점, 끝점	중심점과 시작점, 끝점을 차례로 지정하여 호를 그린다.
중심점, 시작점, 각도	중심점과 시작점, 각도를 차례로 지정하여 호를 그린다.
중심점, 시작점, 현의길이	중심점과 시작점, 현의길이 차례로 지정하여 호를 그린다.

[1] 3점을 이용한 호 그리기

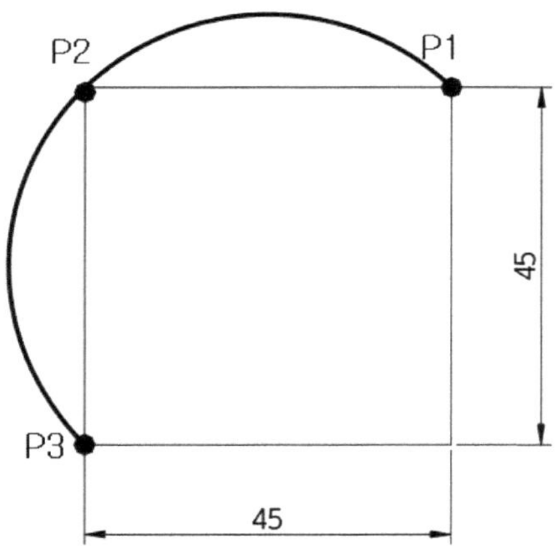

- 45 * 45의 정사각형위에 3점을 지나는 호를 그려보자.
- 명령 : A(ARC) Enter
- ARC 호의 시작점 지정 또는 [중심(C)]] : P1 클릭
- ARC 호의 두 번째 점 또는 [중심(C),끝(E)] 지정 : P2 클릭
- ARC 호의 끝점 지정: P3 클릭

[2] 시작점과 중심점을 이용한 호 그리기

– 시작점, 중심점, 끝점

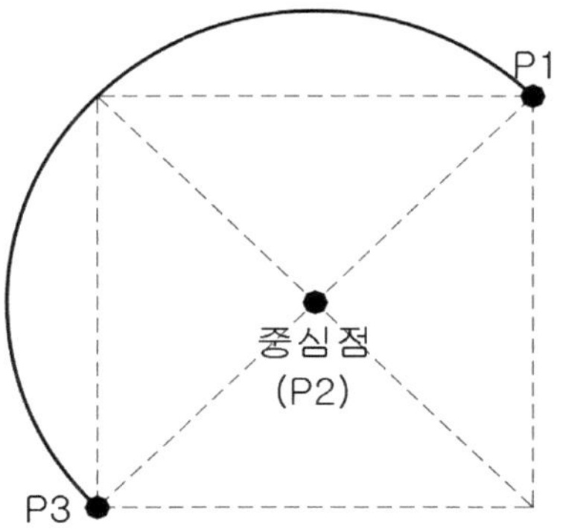

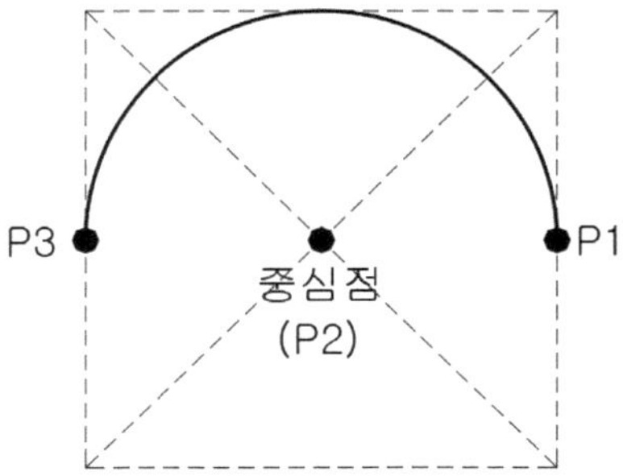

- 정사각형을 그리고 위에 호를 그려보자.
- 명령 : A(ARC) Enter
- ARC 호의 시작점 지정 또는 [중심(C)]] : P1 클릭
- ARC 호의 두 번째 점 또는 [중심(C),끝(E)] 지정 : C Enter
- ARC 호의 중심점 지정 : P2 클릭
- ARC 호의 끝점 지정 : P3 클릭

– 시작점, 중심점, 각도

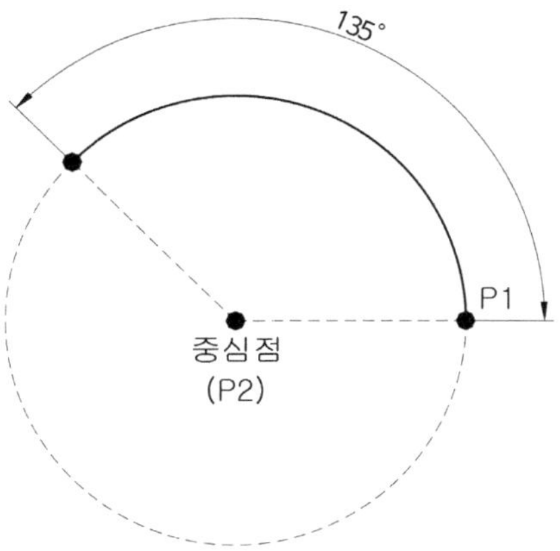

- 명령 : A(ARC) Enter
- ARC 호의 시작점 지정 또는 [중심(C)]] : P1 클릭
- ARC 호의 두 번째 점 또는 [중심(C),끝(E)] 지정 : C Enter
- ARC 호의 중심점 지정: P2 클릭
- ARC 호의 끝점 지정[각도(A), 현의 길이(L)] :

A ↵ Enter

· ARC 사이각 지정 : 135 ↵ Enter

– 시작점, 중심점, 현의길이

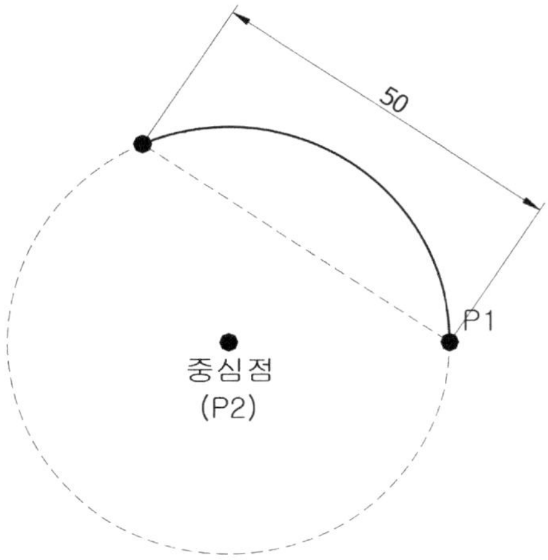

· 명령 : A(ARC) ↵ Enter

· ARC 호의 시작점 지정 또는 [중심(C)] : P1 클릭

· ARC 호의 두 번째 점 또는 [중심(C),끝(E)] 지정: C ↵ Enter

· ARC 호의 중심점 지정: P2 클릭

· ARC 호의 끝점 지정[각도(A), 현의 길(L)] : L ↵ Enter

· ARC 현의 길이 지정 : 50 ↵ Enter

[3] 시작점과 끝점을 이용한 호 그리기

– 시작점, 끝점, 각도

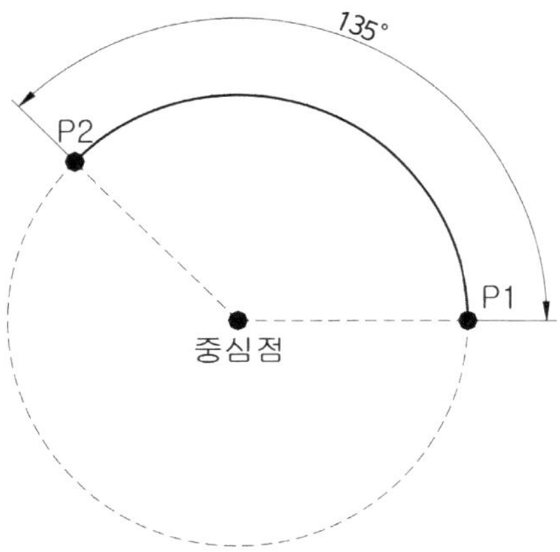

· 명령 : A(ARC) ↵ Enter

· ARC 호의 시작점 지정 또는 [중심(C)] : P1 클릭

· ARC 호의 두 번째 점 또는 [중심(C),끝(E)] 지정 : E ↵ Enter

· ARC 호의 끝점 지정: P2 클릭

· ARC 호의 중심점 지정[각도(A), 방향(D), 지름(R)] : A ↵ Enter

• ARC 사이각 지정 : 135 ↵ Enter

– 시작점, 끝점, 방향

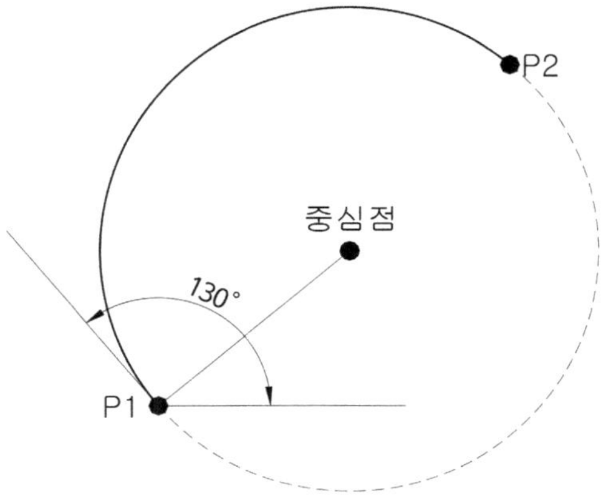

• 명령 : A(ARC) ↵ Enter

• ARC 호의 시작점 지정 또는 [중심(C)] : P1 클릭

• ARC 호의 두 번째 점 또는 [중심(C),끝(E)]

지정: E ↵ Enter

• ARC 호의 끝점 지정: P2 클릭

• ARC 호의 중심점 지정[각도(A), 방향(D), 반지름(R)] : D ↵ Enter

• ARC 호의 시작점에 대한 접선 방향 지정 : 130 ↵ Enter

– 시작점, 끝점, 반지름

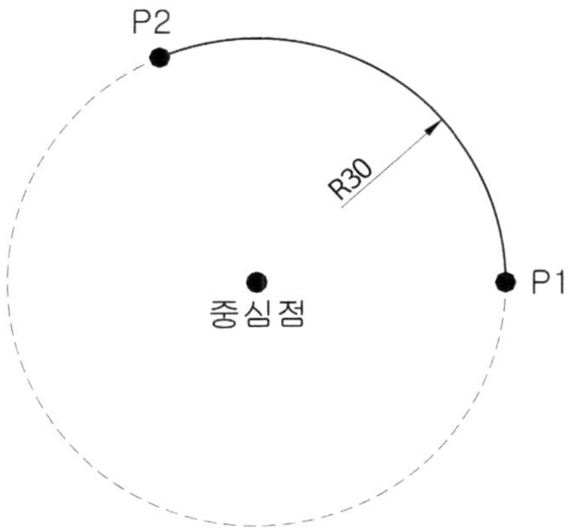

• 명령 : A(ARC) ↵ Enter

• ARC 호의 시작점 지정 또는 [중심(C)] : P1 클릭

• ARC 호의 두 번째 점 또는 [중심(C),끝(E)]

지정 : E ↵ Enter

• ARC 호의 끝점 지정: P2 클릭

• ARC 호의 중심점 지정[각도(A), 방향(D), 반지름(R)] : R ↵ Enter

• ARC 호의 반지름 지정 : 30 ↵ Enter

[4] 중심점과 시작점을 이용한 호 그리기

– 중심점, 시작점, 끝점

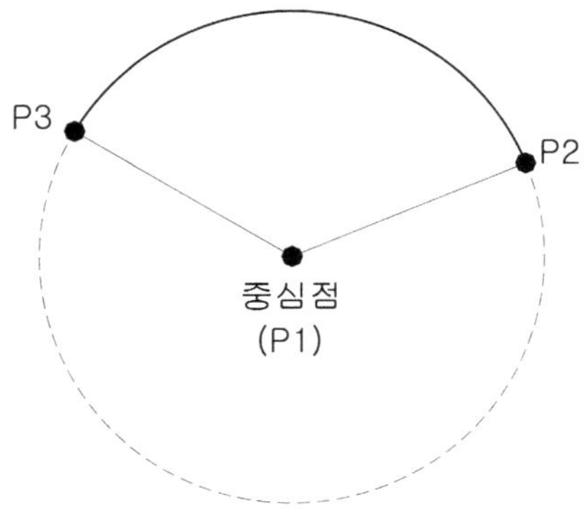

- 명령 : A(ARC) Enter
- ARC 호의 시작점 지정 또는 [중심(C)] :
  C Enter
- ARC 호의 중심점 지정 : P1 클릭
- ARC 호의 시작점 지정 : P2 클릭
- ARC 호의 끝점 지정 : P3 클릭

– 중심점, 시작점, 각도

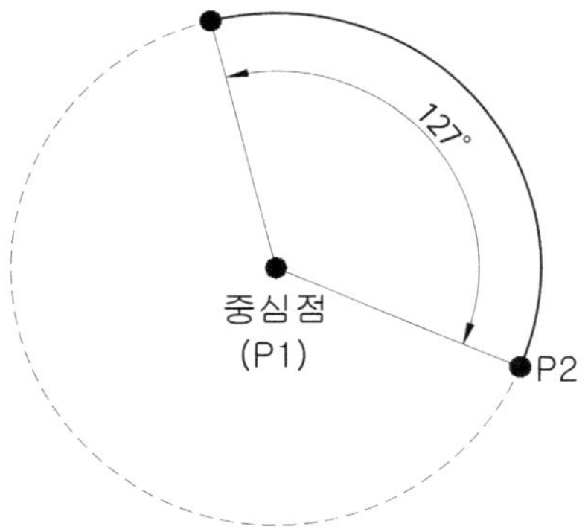

- 명령 : A(ARC) Enter
- ARC 호의 시작점 지정 또는 [중심(C)] :
  C Enter
- ARC 호의 중심점 지정 : P1 클릭
- ARC 호의 시작점 지정 : P2 클릭
- ARC 호의 끝점 지정 또는 [각도(A), 현의 길이 (L)] : A Enter
- ARC 사이각 지정 : 127 Enter

– 중심점, 시작점, 현의 길이

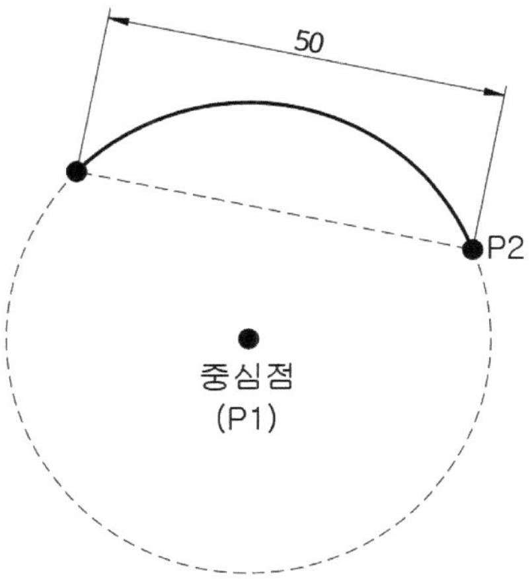

- 명령 : A(ARC) Enter
- ARC 호의 시작점 지정 또는 [중심(C)]] : C Enter
- ARC 호의 중심점 지정 : P1 클릭
- ARC 호의 시작점 지정 : P2 클릭
- ARC 호의 끝점 지정 또는 [각도(A), 현의 길이(L)] : L Enter
- ARC 현의 길이 지정 : 50 Enter

[5] ARC 명령 활용 예제

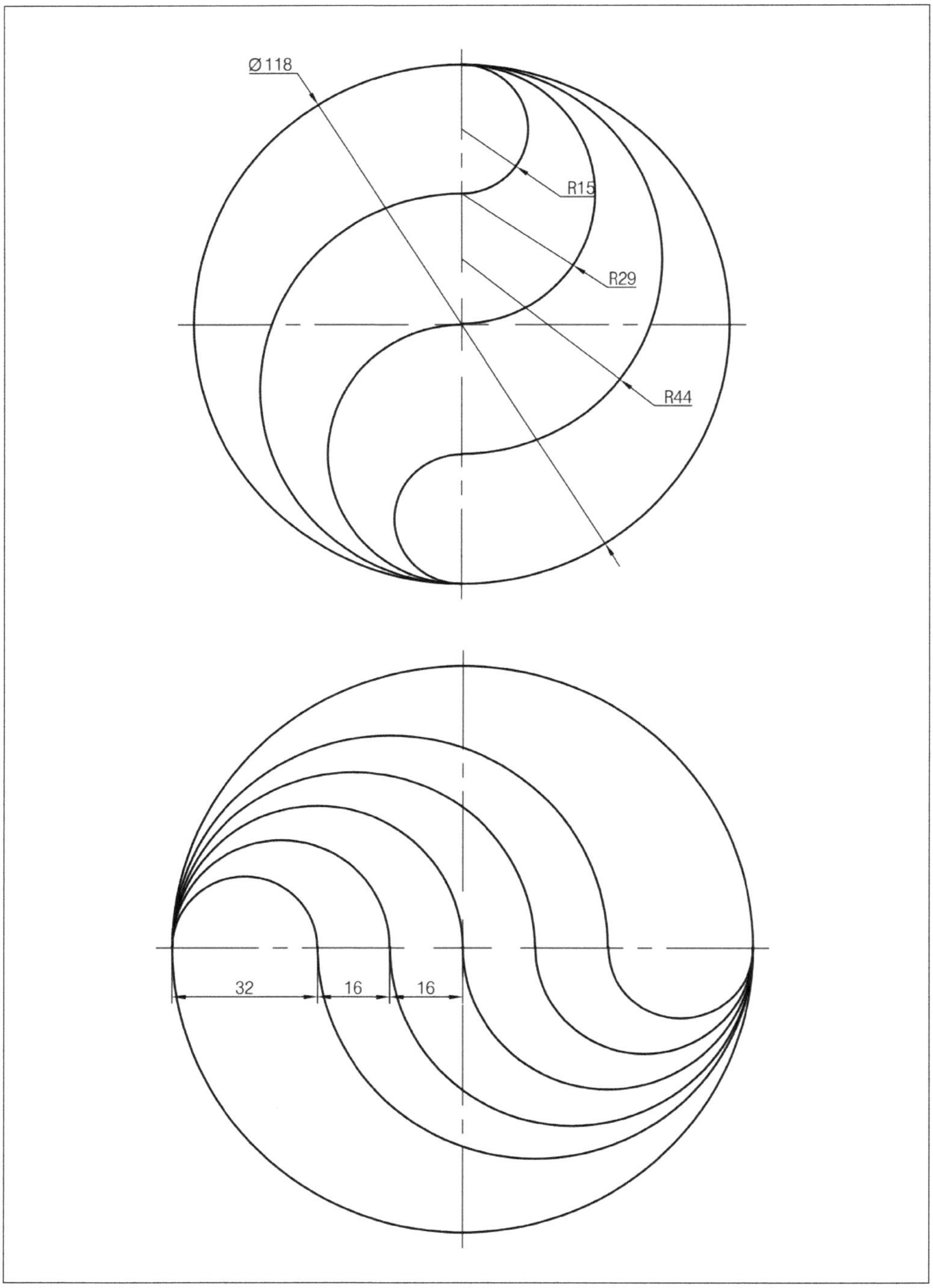

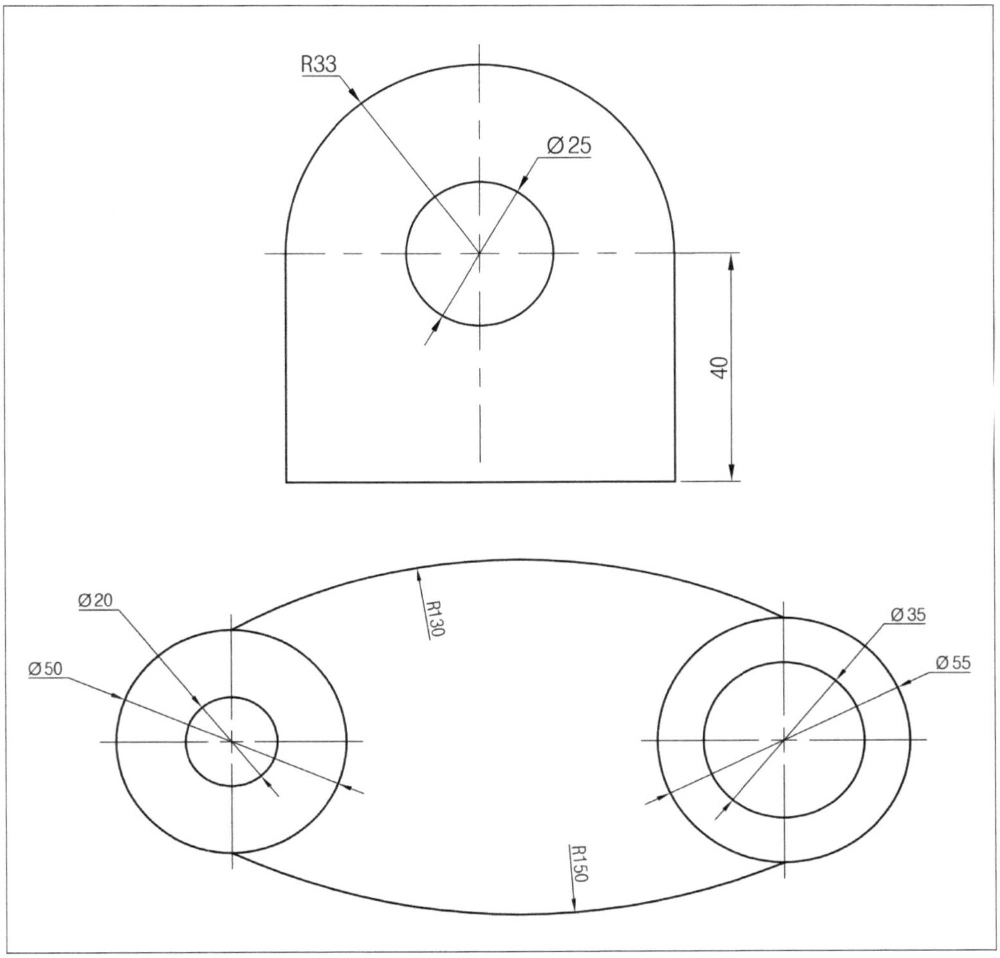

4. 사각형(RECTANG) 그리기

명령 : RECTANG, 단축키 : REC

RECTANG은 사각형을 그리는 명령어이다. 사각형을 그리면서 모따기 및 모깎기 등 여러 옵션을 사용하여 그리는 방법에 대해서 설명한다.

[1] 45 * 45 크기의 사각형과 모따기 된 사각형을 그려보자.

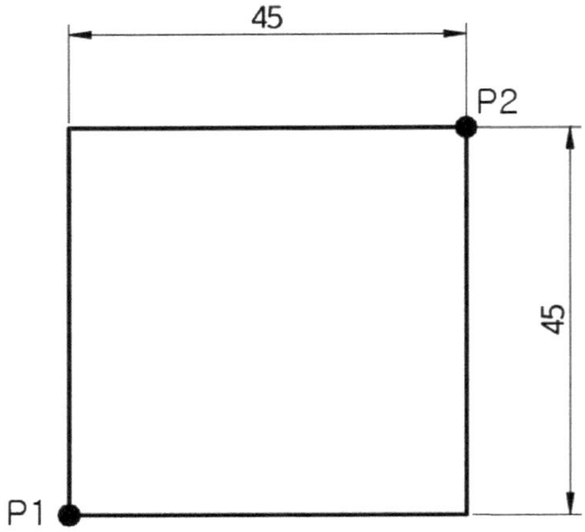

- 명령 : REC(RECTANG) Enter
- RECTANG 첫 번째 구석점 지정 또는 [모따기(C), 고도(E), 모깎기(F), 두께(T), 폭(W)] : 좌표점 입력 또는 P1 클릭
- RECTANG 다른 구석점 지정 또는 [영역(A), 치수(D), 회전(R)] : @45,45 또는 P2 클릭

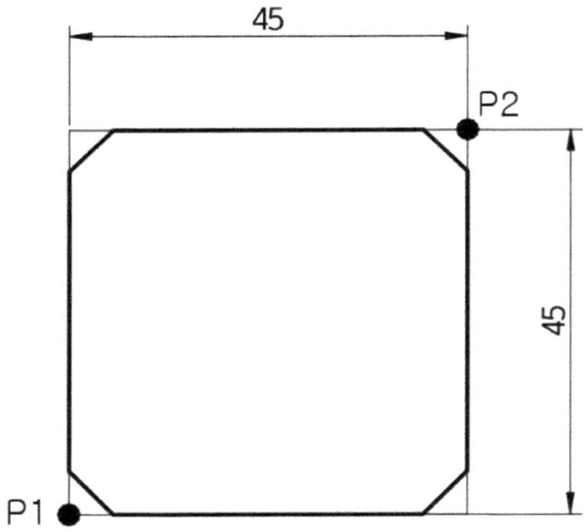

- 명령 : REC(RECTANG) Enter
- RECTANG 첫 번째 구석점 지정 또는 [모따기(C), 고도(E), 모깎기(F), 두께(T), 폭(W)] : C Enter
- RECTANG 직사각형의 첫 번째 모따기 거리지정 : 5 Enter
- RECTANG 직사각형의 두 번째 모따기 거리지정 : 5 Enter

- RECTANG 첫 번째 구석점 지정 또는 [모따기(C), 고도(E), 모깎기(F), 두께(T), 폭(W)] : 좌표점 입력 또는 P1 클릭
- RECTANG 다른 구석점 지정 또는 [영역(A), 치수(D), 회전(R)] : @45,45 또는 P2 클릭

[2] RECTANG 명령 활용 예제

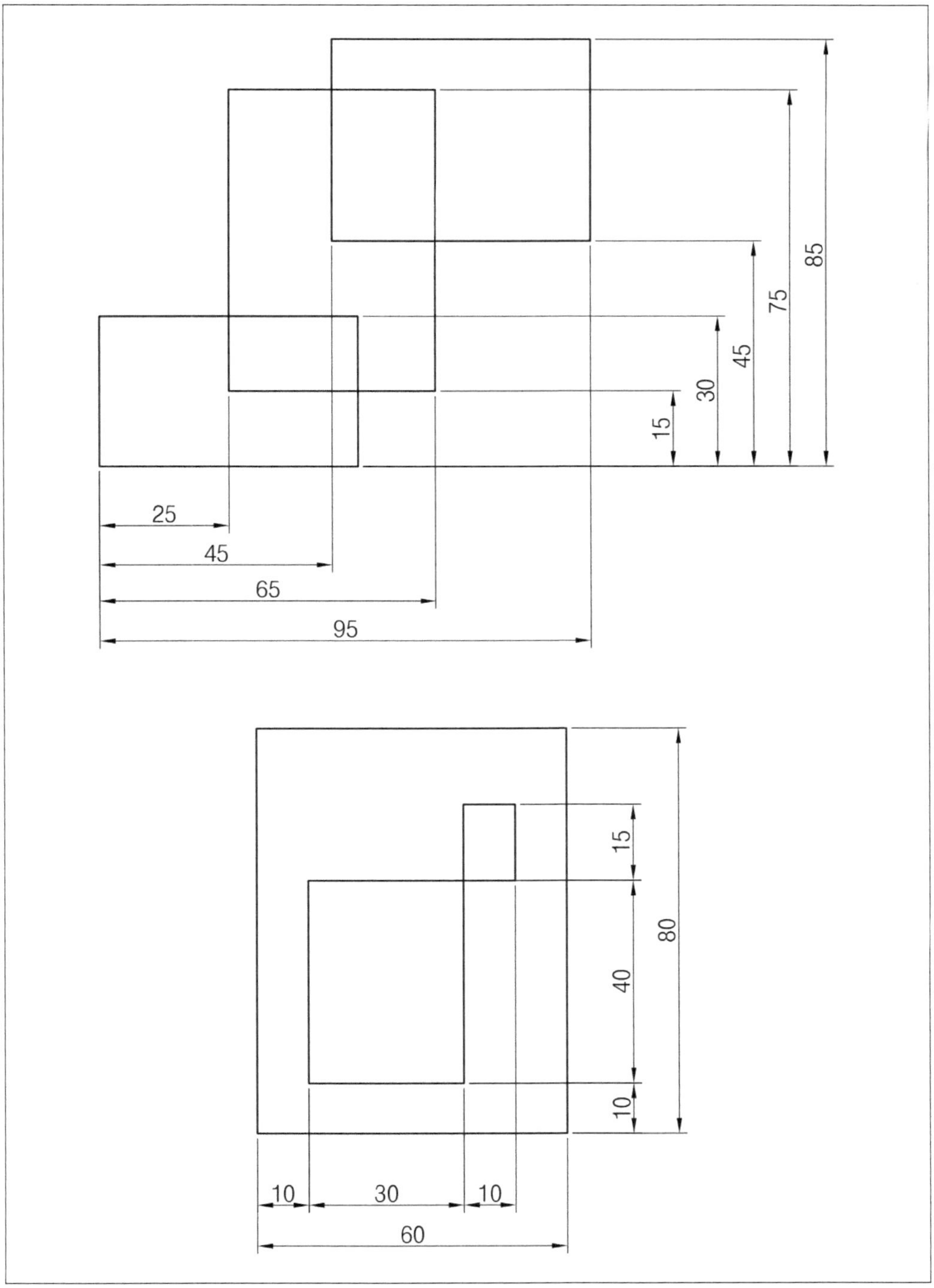

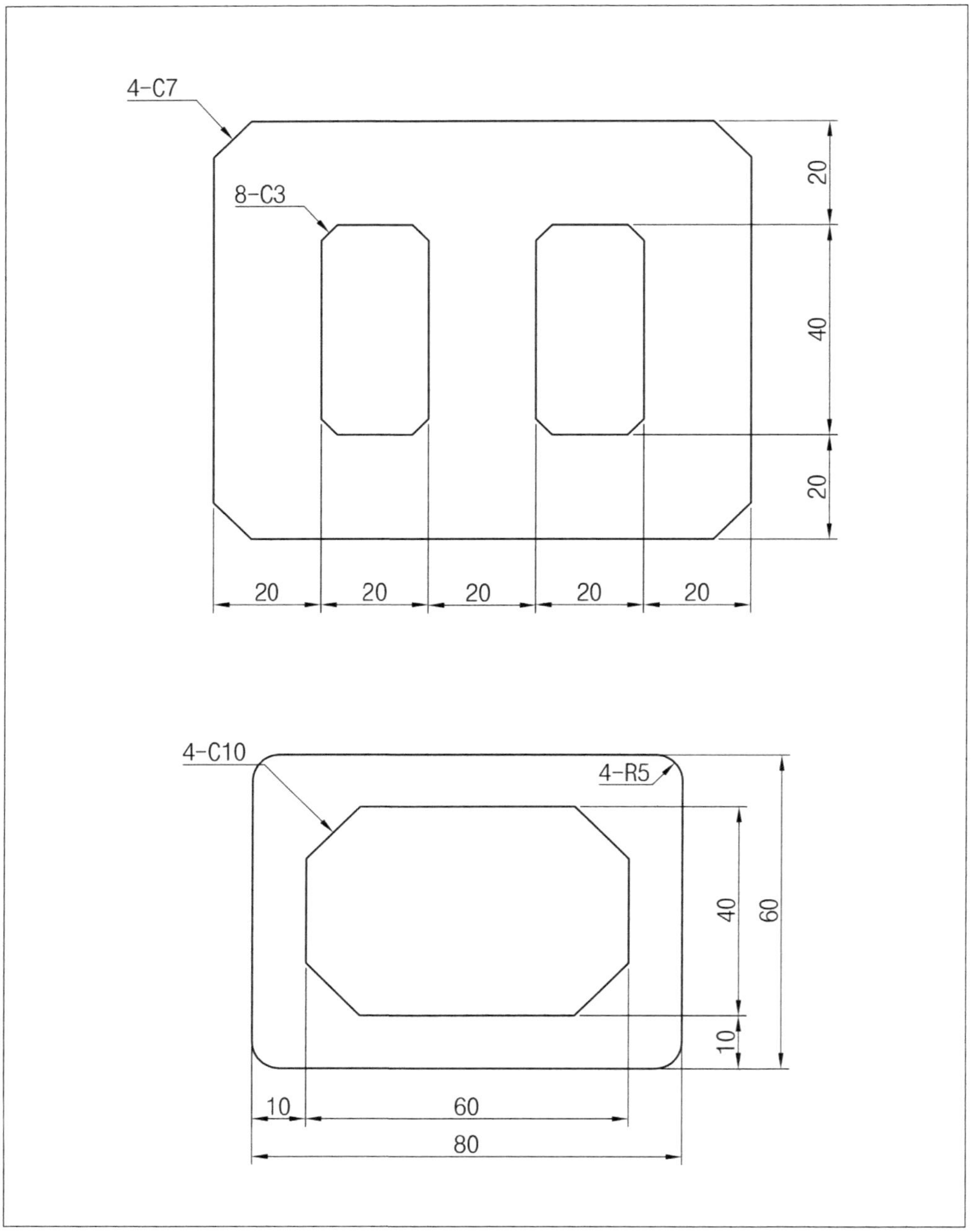
4-C7
8-C3
20
40
20
20
20
20
20
20
4-C10
4-R5
40
60
10
10
60
80

5. 타원(ELLIPSE) 그리기

명령 : ELLIPSE 단축키 : EL

ELLIPSE는 타원 또는 타원모양의 호를 그리는 명령어이다. 타원을 그리는 구성요소는 장축과 단축의 끝점, 편심각, 중심점, 축의 거리등을 이용하여 그릴 수 있다.

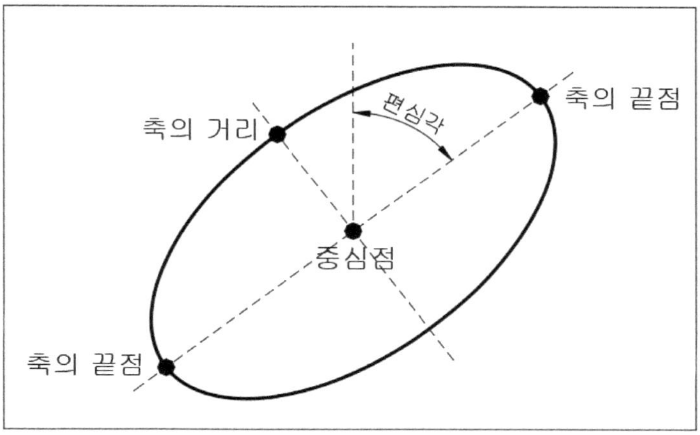

[1] 장축과 단축의 거리로 타원 그리기

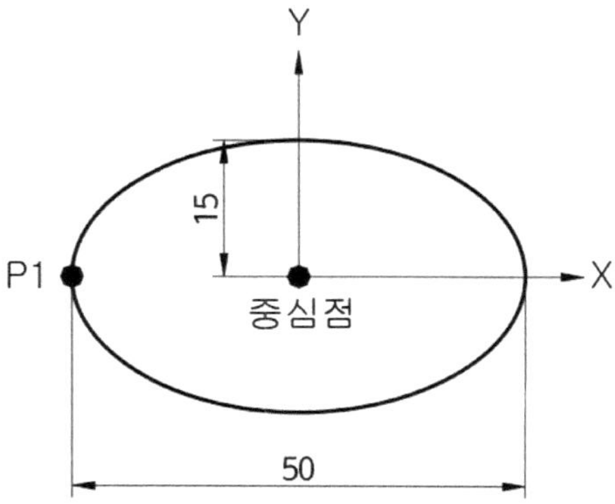

- 명령 : EL(ELLIPSE) Enter
- ELLIPSE 타원의 축 끝점 지정 또는 [호(A), 중심(C)] : 좌표점 입력 또는 P1클릭
- ELLIPSE 축의 다른 끝점 지정: @50＜0 Enter 또는 직교켜기(F8)을 누른 후 X방향으로 마우스 이동 후 50 Enter
- ELLIPSE 다른 축으로 거리를 지정 또는

[회전(R)] : @15<90 Enter 또는 직교켜기(F8)을 누른 후 Y방향으로 마우스 이동 후 15 Enter (축의거리는 중심점부터의 거리를 입력)

[2] 중심점으로부터의 타원 그리기

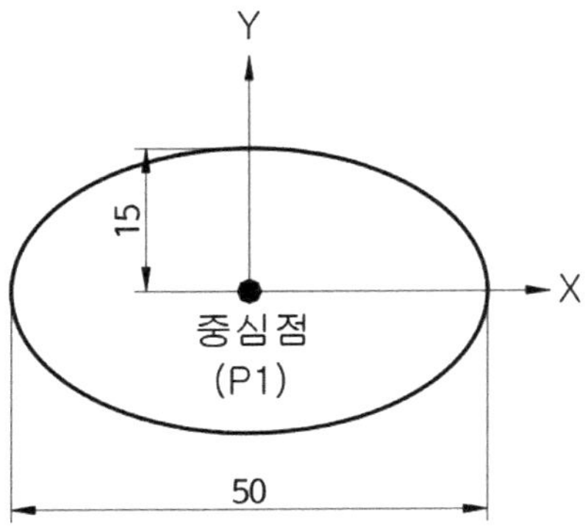

- 명령 : EL(ELLIPSE) Enter
- ELLIPSE 타원의 축 끝점 지정 또는 [호(A), 중심(C)] : C Enter
- ELLIPSE 타원의 중심 지정: 좌표점 입력 또는 P1클릭
- ELLIPSE 축의 끝점 지정 : @25<0 Enter 또는 직교켜기(F8)을 누른 후 X방향으로 마우스 이동 후 25 Enter
- ELLIPSE 다른 축으로 거리를 지정 또는 [회전(R)] : @15<90 Enter 또는 직교켜기(F8)을 누른 후 Y방향으로 마우스 이동 후 15 Enter

[3] 장축과 편심각으로 타원 그리기

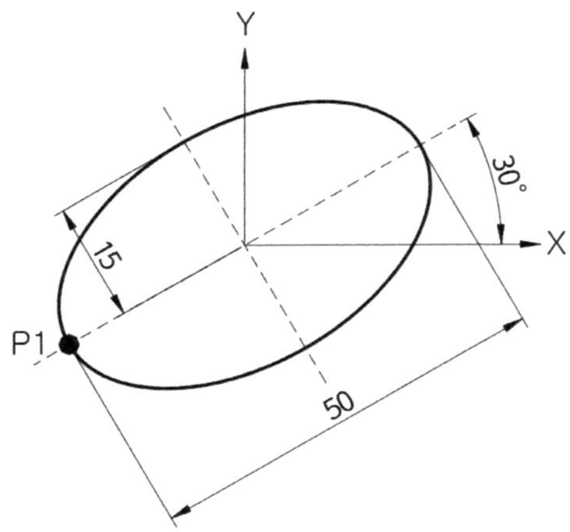

- 명령 : EL(ELLIPSE) Enter
- ELLIPSE 타원의 축 끝점 지정 또는 [호(A), 중심(C)] : 좌표점 입력 또는 P1클릭
- ELLIPSE 축의 다른 끝점 지정: @50<30 Enter
- ELLIPSE 다른 축으로 거리를 지정 또는 [회전(R)] : @15<120 Enter

[4] 중심축과 편심각으로 타원 그리기

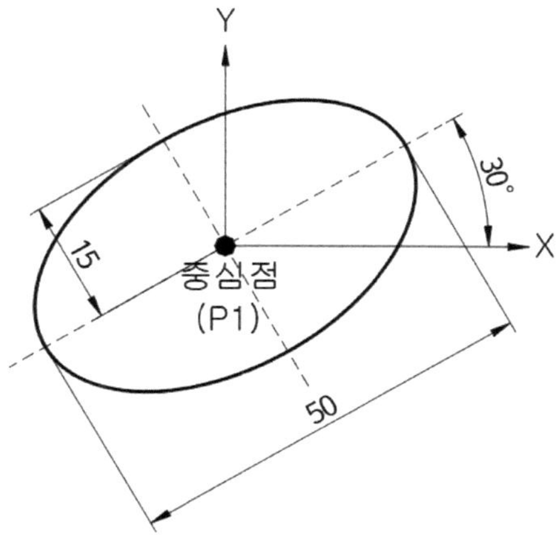

- 명령 : EL(ELLIPSE) Enter
- ELLIPSE 타원의 축 끝점 지정 또는 [호(A), 중심(C)] : C Enter
- ELLIPSE 타원의 중심 지정 : 좌표점 입력 또는 P1클릭
- ELLIPSE 축의 끝점 지정 : @25〈30 Enter
- ELLIPSE 다른 축으로 거리를 지정 또는 [회전(R)] : @15〈120 Enter

[5] ELLIPSE 명령 활용 예제

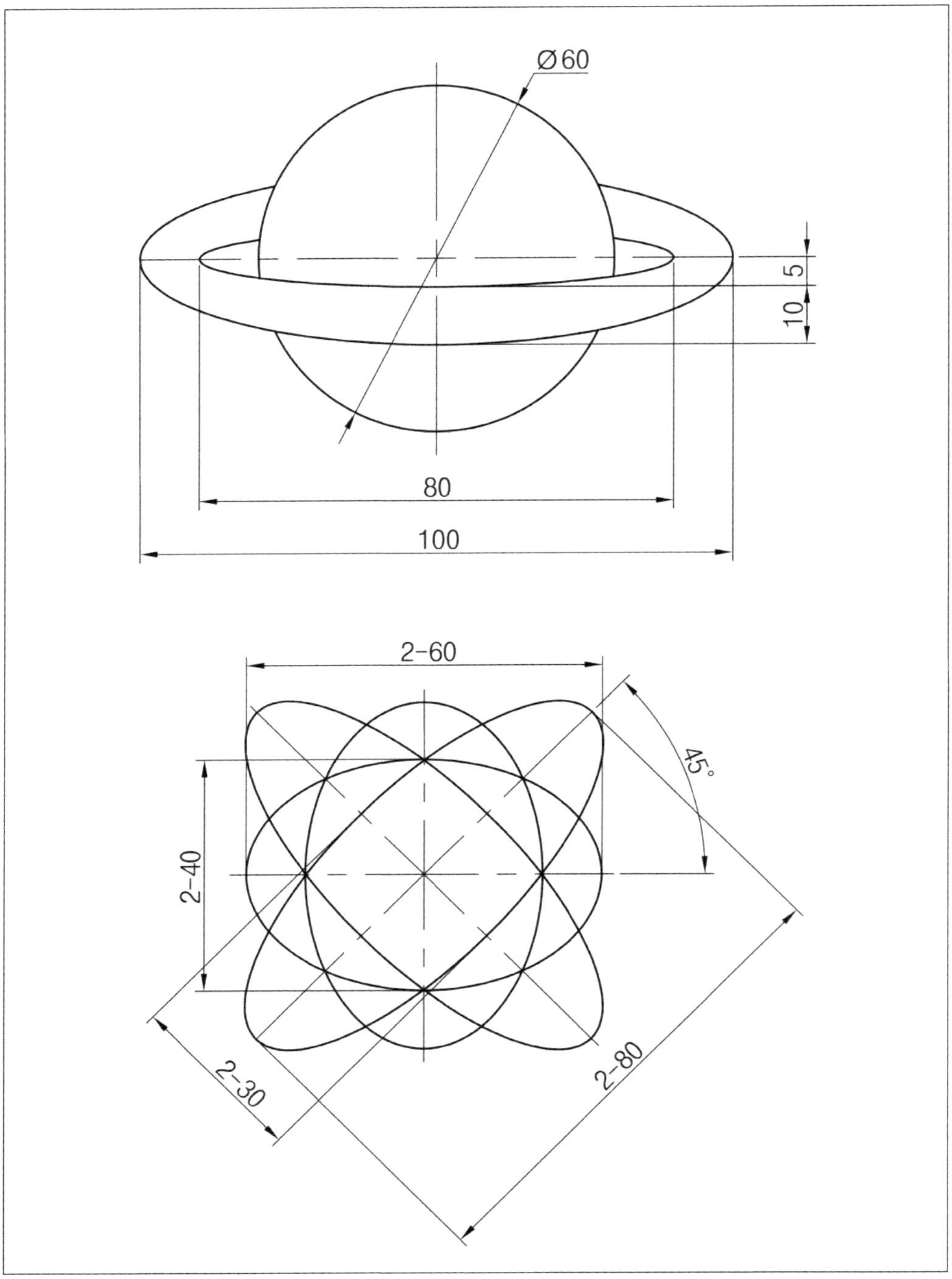

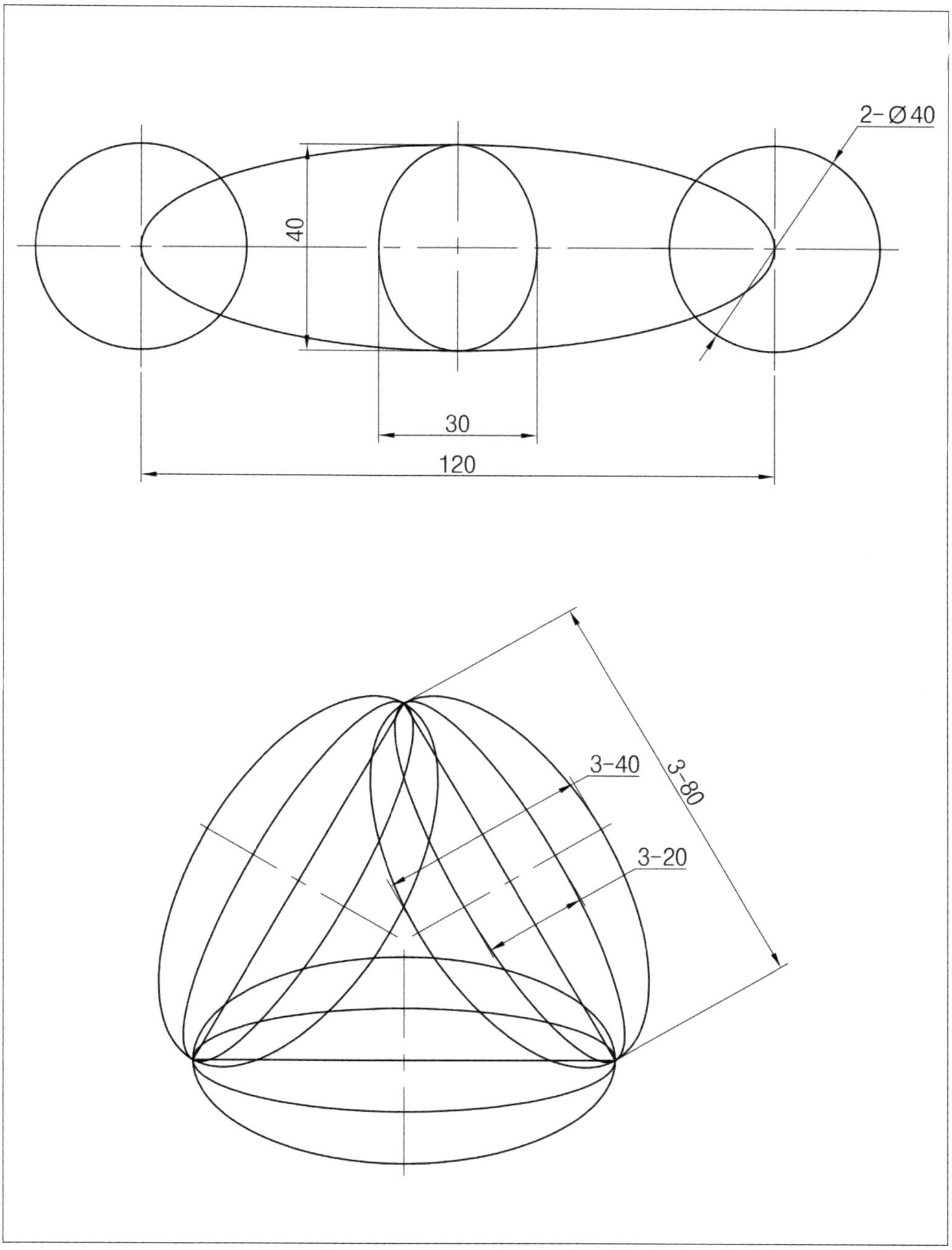
2-Ø40
40
30
120
3-40
3-80
3-20

6. 정다각형(POLYGON) 그리기

명령 : POLYGON 단축키 : POL

POLYGON 명령은 폴리라인의 정다각형을 그릴 때 사용한다. 이 명령으로 그릴 수 있는 정다각형은 3각형부터 1,024각형까지이다. POLYGON의 옵션은 한 변으로 그리기, 원에 내접한 다각형그리기, 원에 외접한 다각형 그리기가 있다.

옵션	설명
모서리	한 변의 양 끝점을 지정하여 다각형을 그릴 수 있다.
중심	다각형의 중심점에서 지정한 값을 반지름으로 하는 가상의 원에 내접 또는 외접 하는 정다각형을 그릴 수 있다. 내접 : 가상의 원 내부에 다각형을 그린다. 외접 : 가상의 원 외부에 다각형을 그린다.

[1] 한 변으로 다각형 그리기

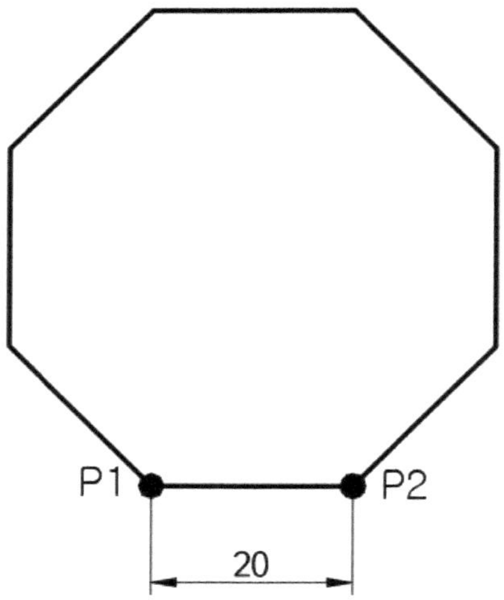

- 한 변의 길이가 20mm인 8각형을 그려보자.
- 명령 : POL(POLYGON) Enter
- POLYGON 면의 수 입력 : 8 Enter
- POLYGON 중심을 지정 또는[모서리(E)] : E Enter
- POLYGON 모서리의 첫 번째 끝점 지정 : 좌표점 입력 또는 P1클릭
  모서리의 두 번째 끝점 지정:
  @20<0 Enter 또는 직교켜기(F8)을 누른 후 X방향으로 마우스 이동 후 20 Enter

[2] 중심점으로 다각형 그리기

– 원의 내접을 활용한 다각형

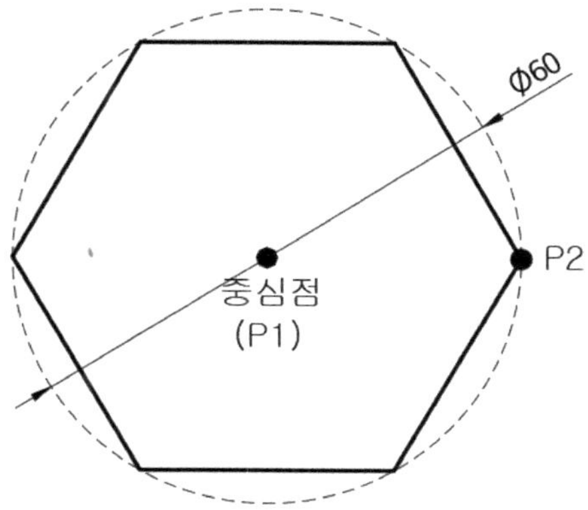

- ϕ60 원에 내접한 6각형을 그려보자.
- 명령 : POL(POLYGON) Enter
- POLYGON 면의 수 입력 : 6 Enter
- POLYGON 중심을 지정 또는[모서리(E)] : 좌표점 입력 또는 P1클릭
- POLYGON 옵션을 입력 [원에내접(I), 원에외접(C)] : I Enter
- POLYGON 원의 반지름 지정 : 30 Enter 또는 P2점 클릭

– 원의 외접을 활용한 다각형

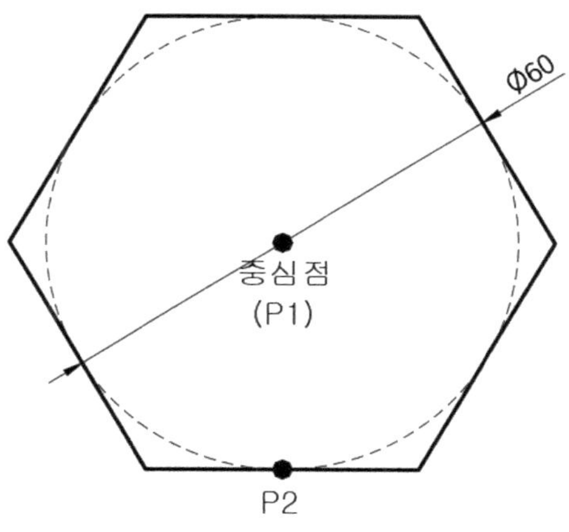

- ϕ60 원에 내접한 6각형을 그려보자.
- 명령 : POL(POLYGON) Enter
- POLYGON 면의 수 입력 : 6 Enter
- POLYGON 중심을 지정 또는[모서리(E)] : 좌표점 입력 또는 P1클릭
- POLYGON 옵션을 입력 [원에내접(I), 원에외접(C)] : C Enter
- POLYGON 원의 반지름 지정 : 30 Enter 또는 P2점 클릭

[3] POLYGON 명령 활용 예제

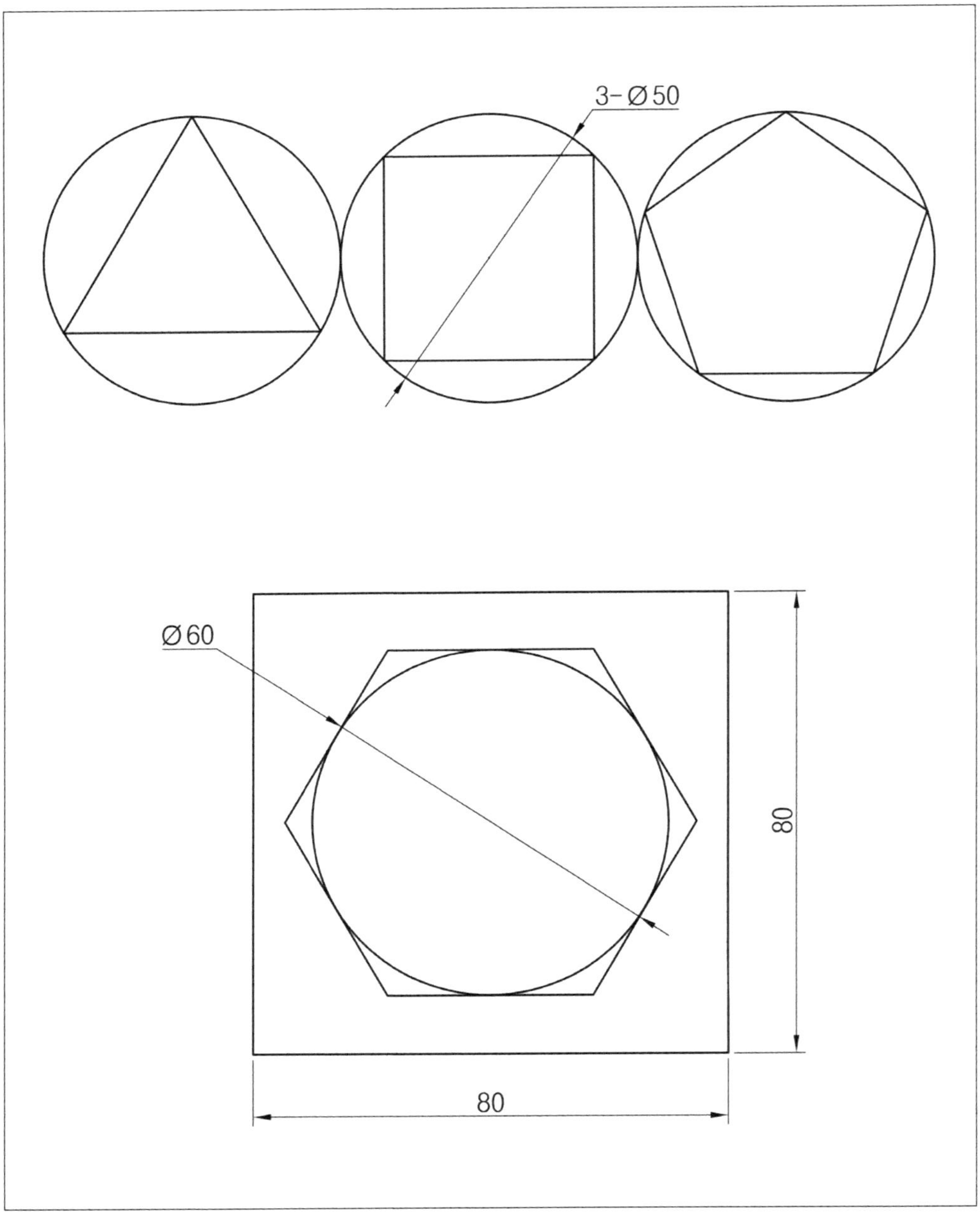

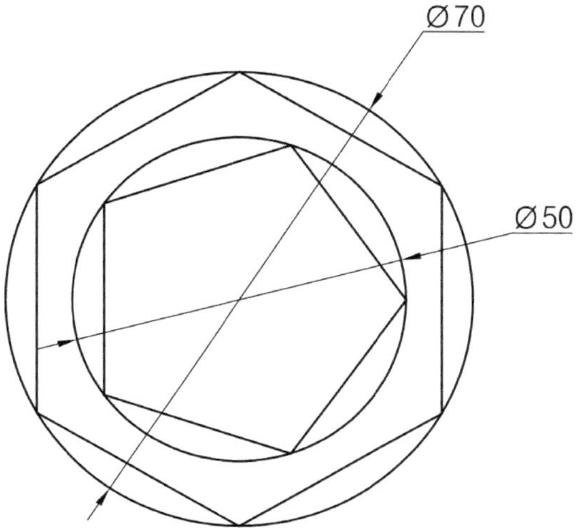

Ø70
Ø50

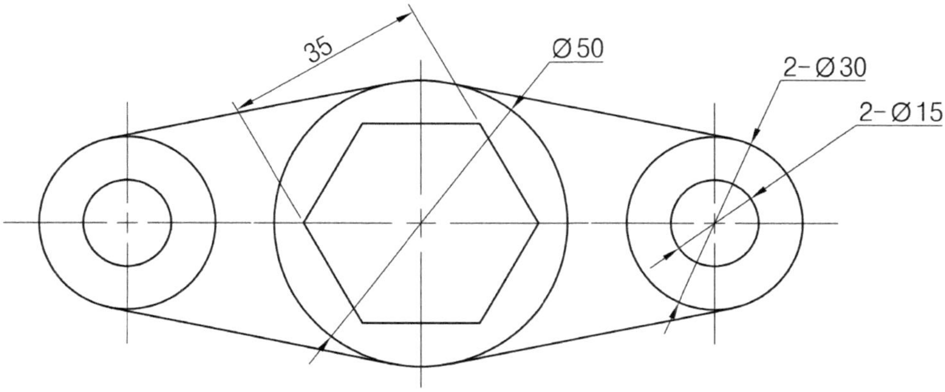

35
Ø50
2-Ø30
2-Ø15

도형 편집하기

1. 이동(MOVE) 하기

명령 :MOVE, 단축키 : M

MOVE 명령은 이미 그려진 도면의 객체를 선택하여 다른 위치로 이동시키는 명령어이다. 이 명령은 이미 그려진 도면을 다른 곳에 배치할 때 유용하게 사용된다.

● 기준점 지정 이동

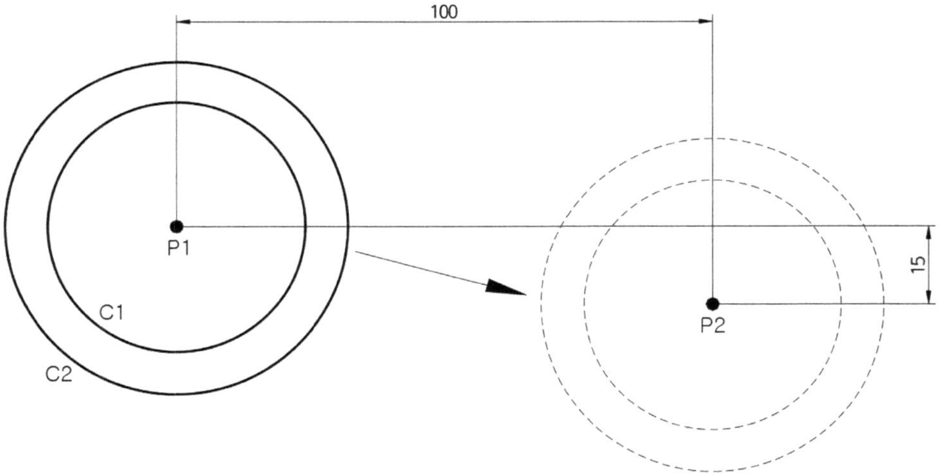

C1 C2의 원을 P1 지점에서 점선으로 그려진 P2 지점으로 이동시켜 보자.

- 명령 : M(MOVE) Enter
- MOVE 객체 선택 : C1과 C2 클릭 Enter
- MOVE 기준점 지정 또는 [변위(D)] : 좌표점 입력 또는 P1클릭
- MOVE 두 번째 점 지정 또는 〈첫 번째 점을 변위로 사용〉: 이동할 좌표점 클릭 또는 @100, -15 Enter

2.
복사(COPY) 하기

명령 : COPY, 단축키 : CO 또는 CP

[1] COPY 명령

COPY 명령은 이미 그려진 도면의 객체를 선택하여 다른 위치로 복사하는 작업이다. 여러 개의 똑같은 형상을 도면화 할 때 유용하게 사용된다.

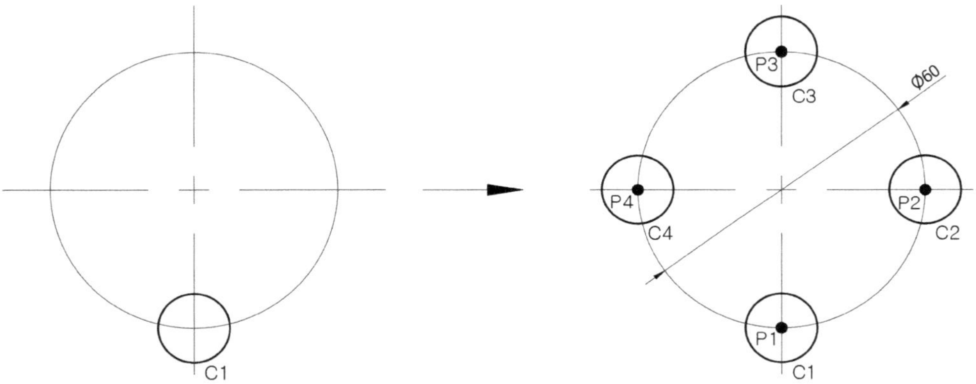

C1의 원을 우측 그림과 같이 P2, P3, P4 위치로 복사하여 C2, C3, C4를 생성해 보자.

- 명령 : CO(COPY) Enter
- COPY 객체 선택 : C1 클릭 Enter
- COPY 기준점 지정 또는 [변위(D), 모드(O)] : 좌표점 입력 또는 P1클릭
- COPY 두 번째 점 지정 또는 [배열(A)] 〈첫 번째 점을 변위로 사용〉: P2 클릭 또는 @30,30 Enter
- COPY 두 번째 점 지정 또는 [배열(A), 종료(E), 명령취소(U)] ; P3 클릭 또는 @0,60 Enter

• COPY 두 번째 점 지정 또는 [배열(A), 종료(E), 명령취소(U)] ; P4 클릭 또는 @-30,30 Enter

• COPY 두 번째 점 지정 또는 [배열(A), 종료(E), 명령취소(U)] ; Enter

[2] COPY 명령 활용 예제

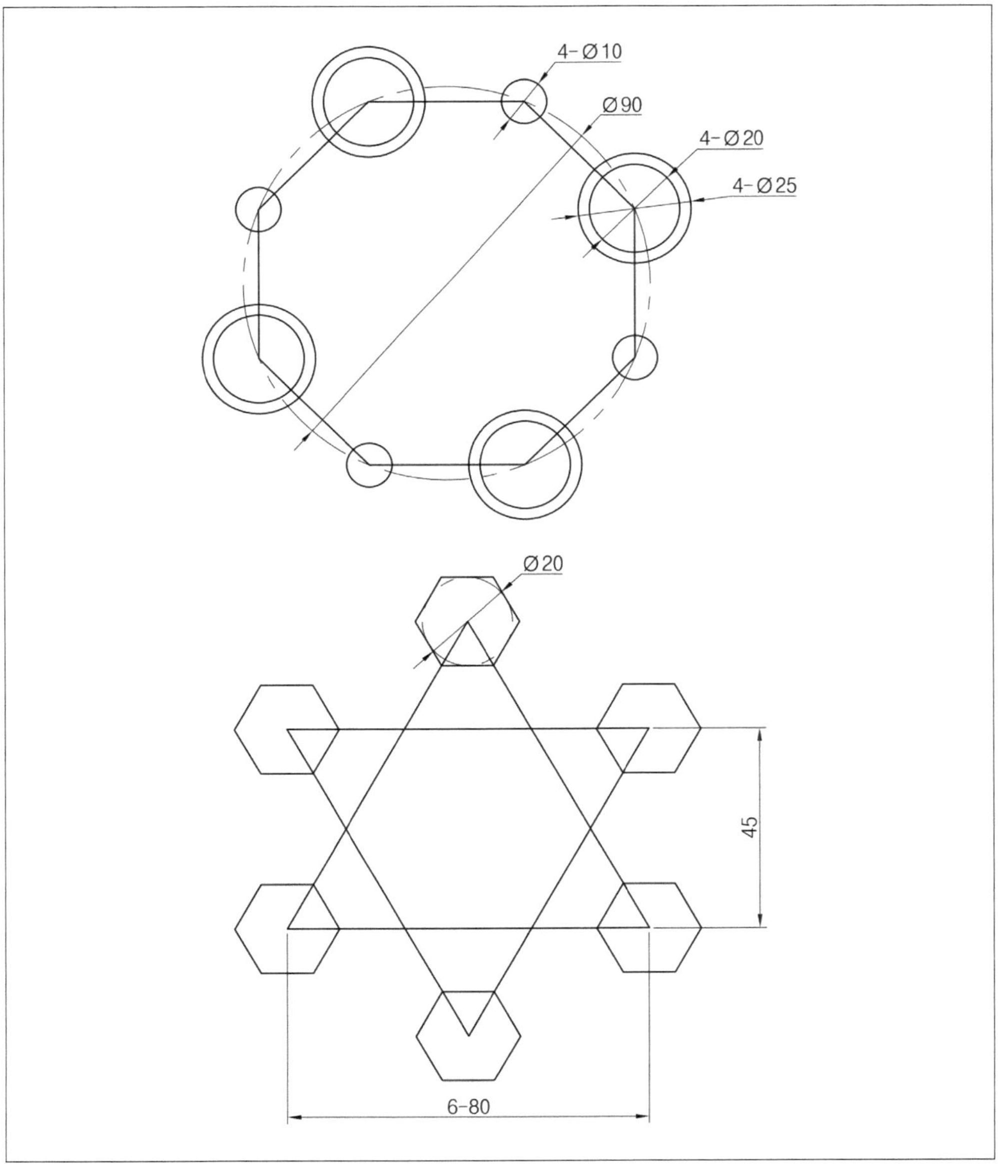

3. 배열(ARRAY) 하기

명령 :ARRAY, 단축키 : AR

ARRAY 명령은 도면의 요소를 복사하여 행과 열로 다중 배열하거나 중심축을 중심으로 회전시켜 배열하는 명령어이다.

[1] 원형 배열

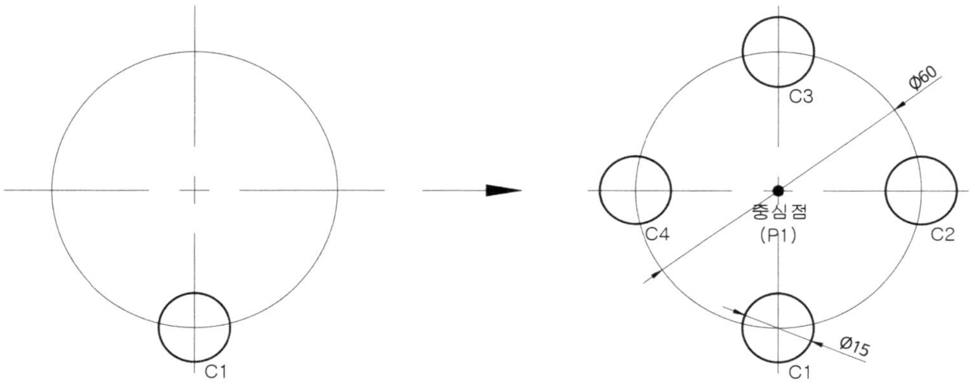

C1의 원을 우측 그림과 같이 원형 배열을 통해 동일한 원 C2, C3, C4를 생성해 보자.

- 명령 : AR(ARRAY) Enter
- ARRAY 객체 선택 : C1 클릭 Enter
- 배열 유형 입력 [직사각형(R), 경로(PA), 원형(PO) : PO Enter
- ARRAY 배열의 중심점 지정 또는 [기준점(B), 회전축(A)] P1 클릭
- ARRAY 그립을 선택하여 배열을 편집하거나 [연관(AS), 기준점(B), 항목(I), 사이의 각도(A), 채울 각도(F), 행(ROW, 레벨(L), 항목 회전(ROT), 종료(X)]

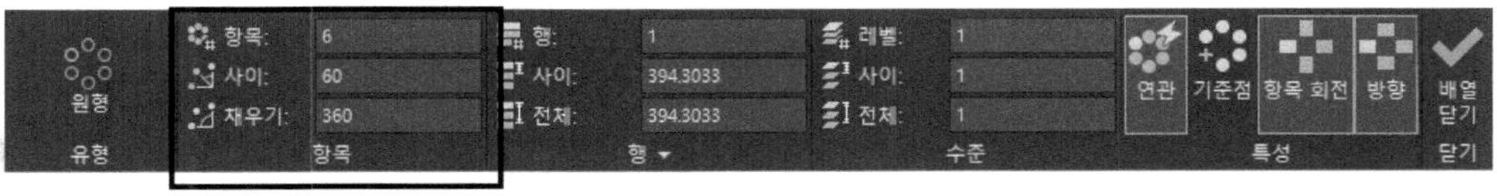

상단 메뉴에서 항목 “4” 입력, 사이 “90” 입력, 채우기 “360” 입력

- 배열 닫기 클릭
- T1 삼각형을 아래 그림과 같이 형태를 고정하고 배열하려면 항목 회전 ON/PFF 기능을 사용하면 된다.

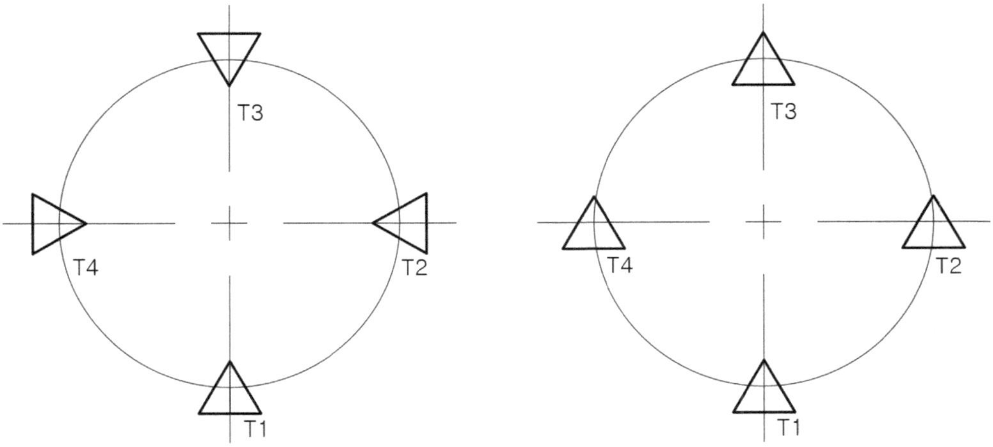

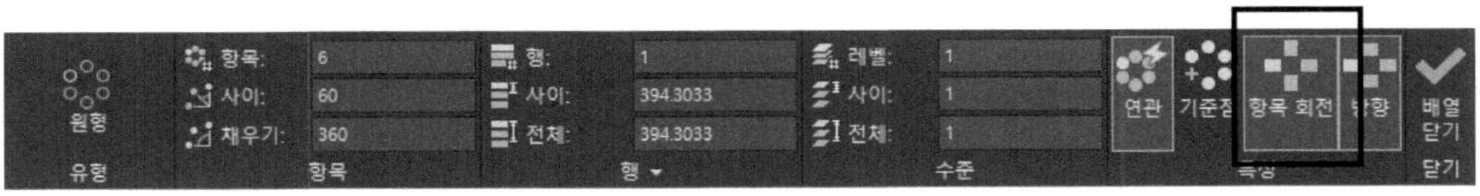

- T1 삼각형을 아래 그림과 같이 일정한 비율로 행을 선택하여 수와 간격을 입력하면 하기와 같은 그림 형태의 배열을 만들 수 있다.

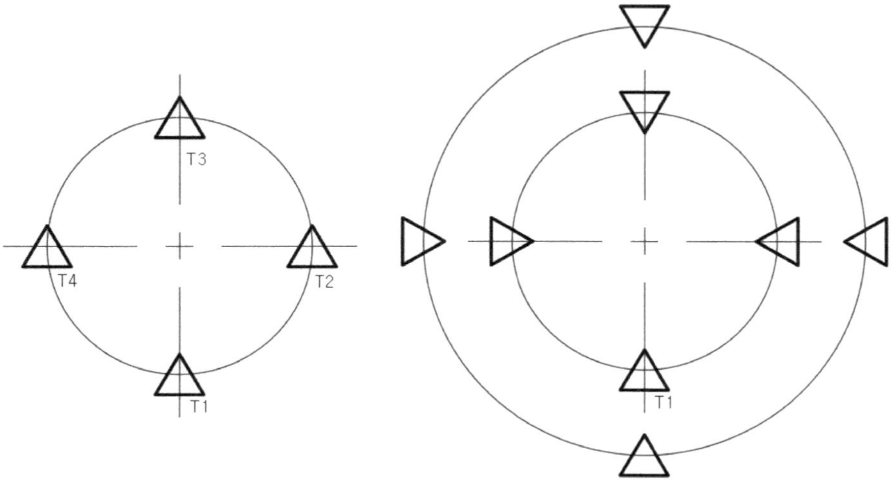

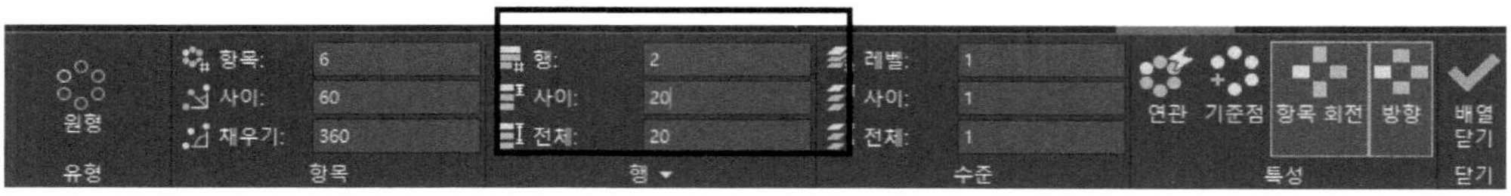

[2] 사각 배열

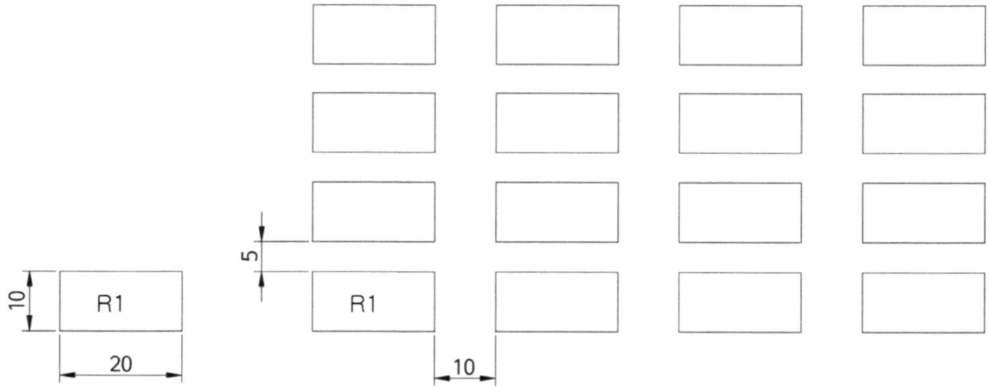

R1 직사각형(10 * 20)을 ARRAY를 사용하여 가로 10mm 세로 5mm의 거리를 가지는 16개의 직사각형을 만들어보자

- 명령 : AR(ARRAY) Enter
- ARRAY 객체 선택 : R1 클릭 Enter

• 배열 유형 입력 [직사각형(R), 경로(PA), 원형(PO) : R ↵ Enter

• ARRAY 그립을 선택하여 배열을 편집하거나 [연관(AS), 기준점(B), 항목(I), 사이의 각도(A), 채울 각도(F), 행(ROW, 레벨(L), 항목 회전(ROT), 종료(X)]

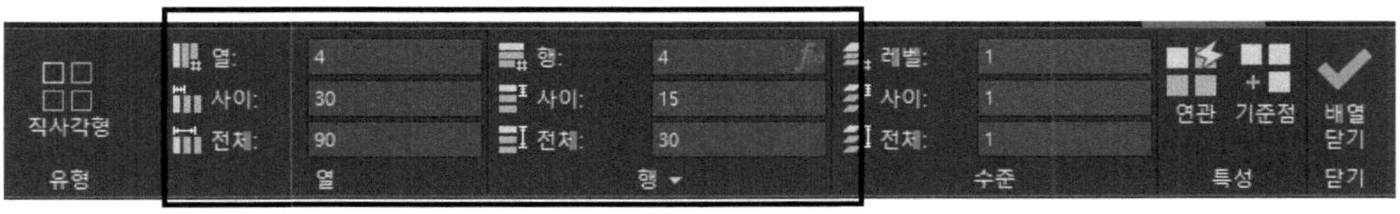

상단 메뉴에서 열 "4" 입력, 사이 "30" 입력, 전체 "90", 행 "4" 입력, 사이 "15" 입력 전체 "30" 입력

• 배열 닫기 클릭

행과 열의 개수는 기존 원본의 개수를 포함한 개수이며 사이값은 양의 값은 위쪽과 오른쪽 음의 값은 아래쪽과 왼쪽으로 배열된다.

[3] ARRAY 명령 활용 예제

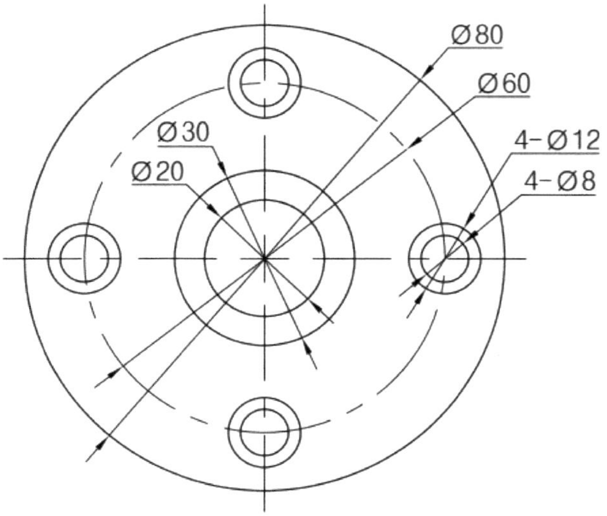

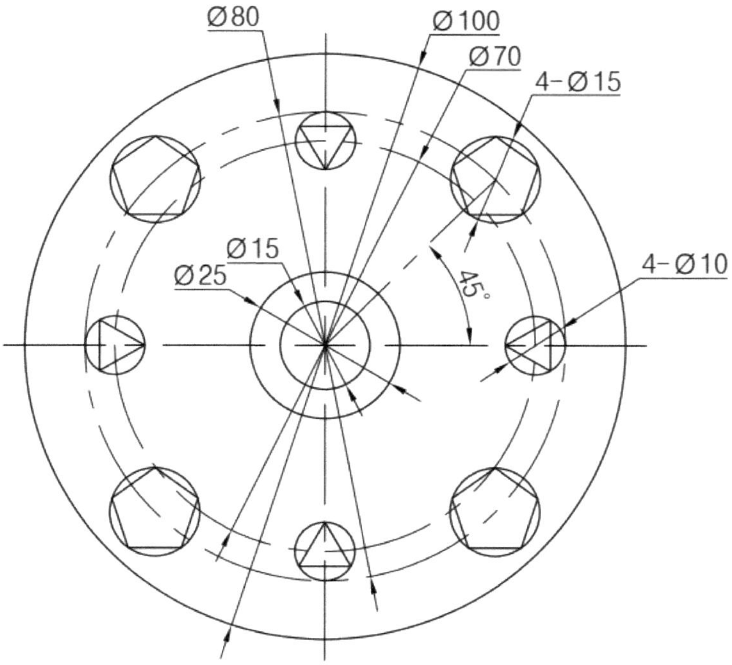

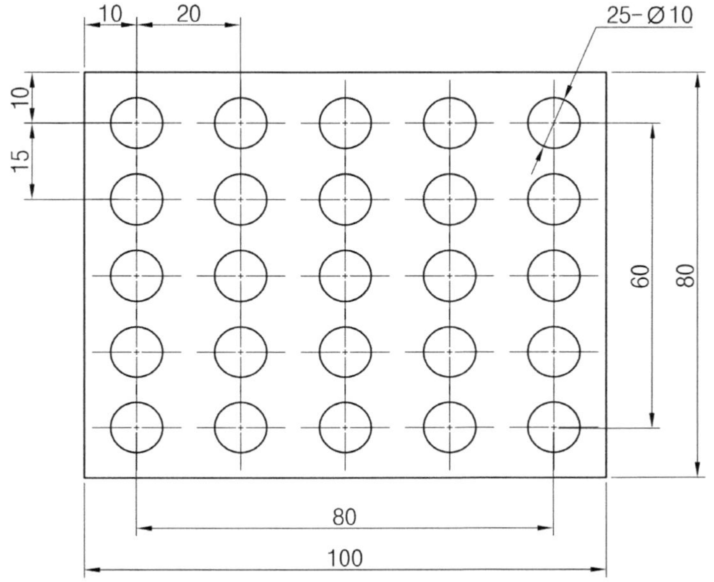
10
20
25-Ø10
10
15
60
80
80
100

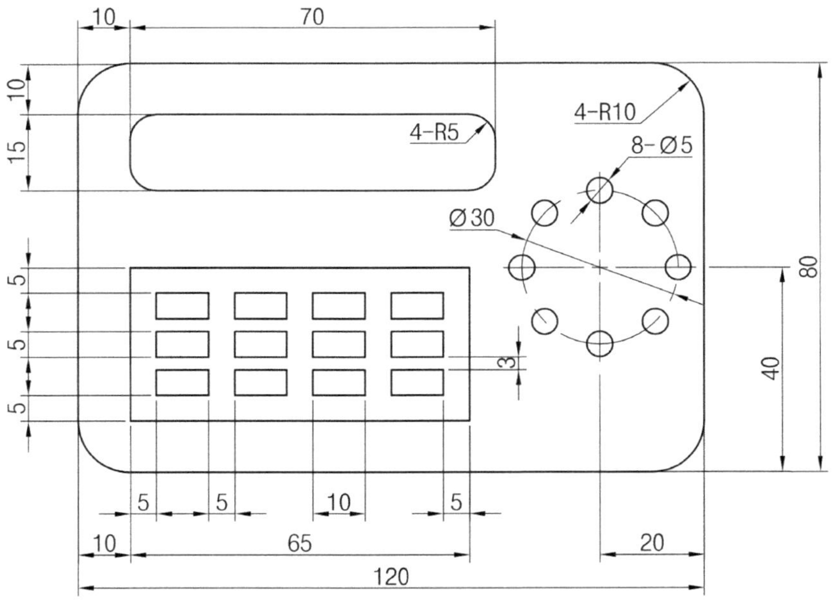
10
70
10
15
4-R5
4-R10
8-Ø5
Ø30
5
5
5
3
80
40
5
5
10
5
10
65
20
120

4. 대칭(MIRROR) 이동하기

명령 : MIRROR, 단축키 : MI

MIRROR 명령은 도면의 선택한 요소를 지정한 축을 중심으로 대칭 복사하거나 대칭 이동시키는 명령어이다.

[1] 대칭 복사 – 원본 복사

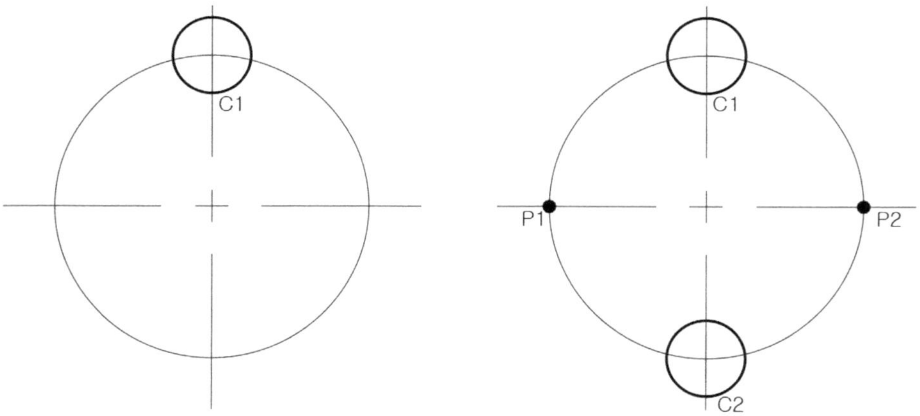

C1의 원을 우측 그림과 같이 대칭된 원을 생성해 보자.

- 명령 : MI(MIRROR) Enter
- MIRROR 객체 선택 : C1 클릭 Enter
  대칭선의 첫 번째 점 지정 : P1 클릭
  대칭선의 두 번째 점 지정 : P2 클릭
- MIRROR 원본 객체를 지우시겠습니까? [예(Y), 아니오(N)] N Enter

[2] 대칭 복사 – 원본 삭제

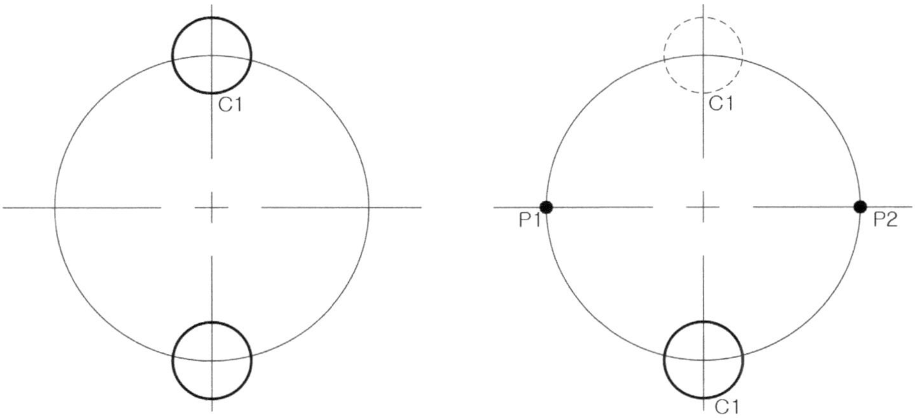

C1의 원을 우측 그림과 같이 대칭된 원을 생성해 보자.

- 명령 : MI(MIRROR) Enter
- MIRROR 객체 선택 : C1 클릭 Enter
  대칭선의 첫 번째 점 지정 : P1 클릭
  대칭선의 두 번째 점 지정 : P2 클릭
- MIRROR 원본 객체를 지우시겠습니까? [예(Y), 아니오(N)] Y Enter

[3] 문자열의 대칭 설정

- 명령 : MIRRTEXT
- MIRRTEXT에 대한 새 값 입력 〈0〉 : 0 Enter

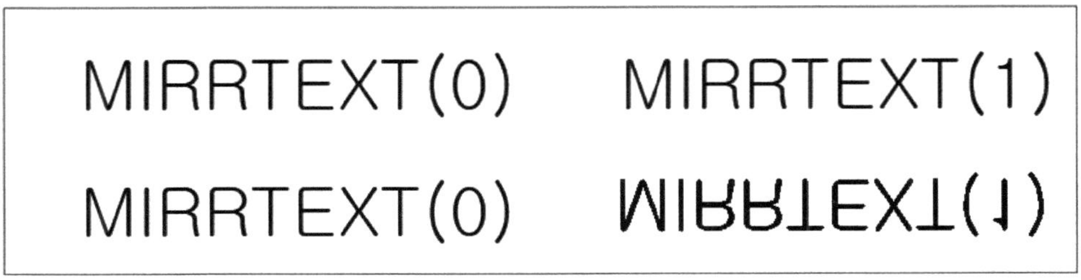

[4] MIRROR 명령 활용 예제

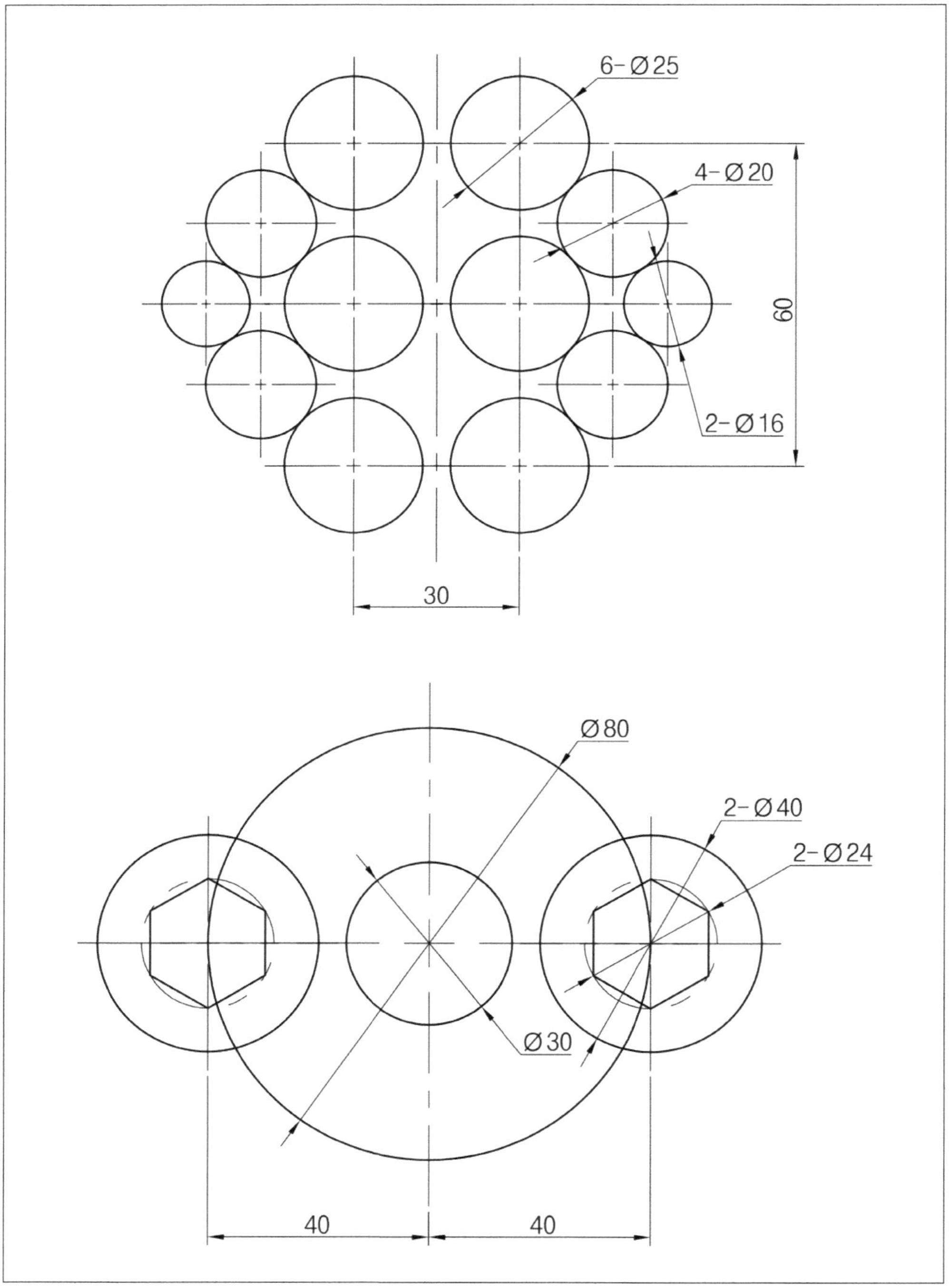

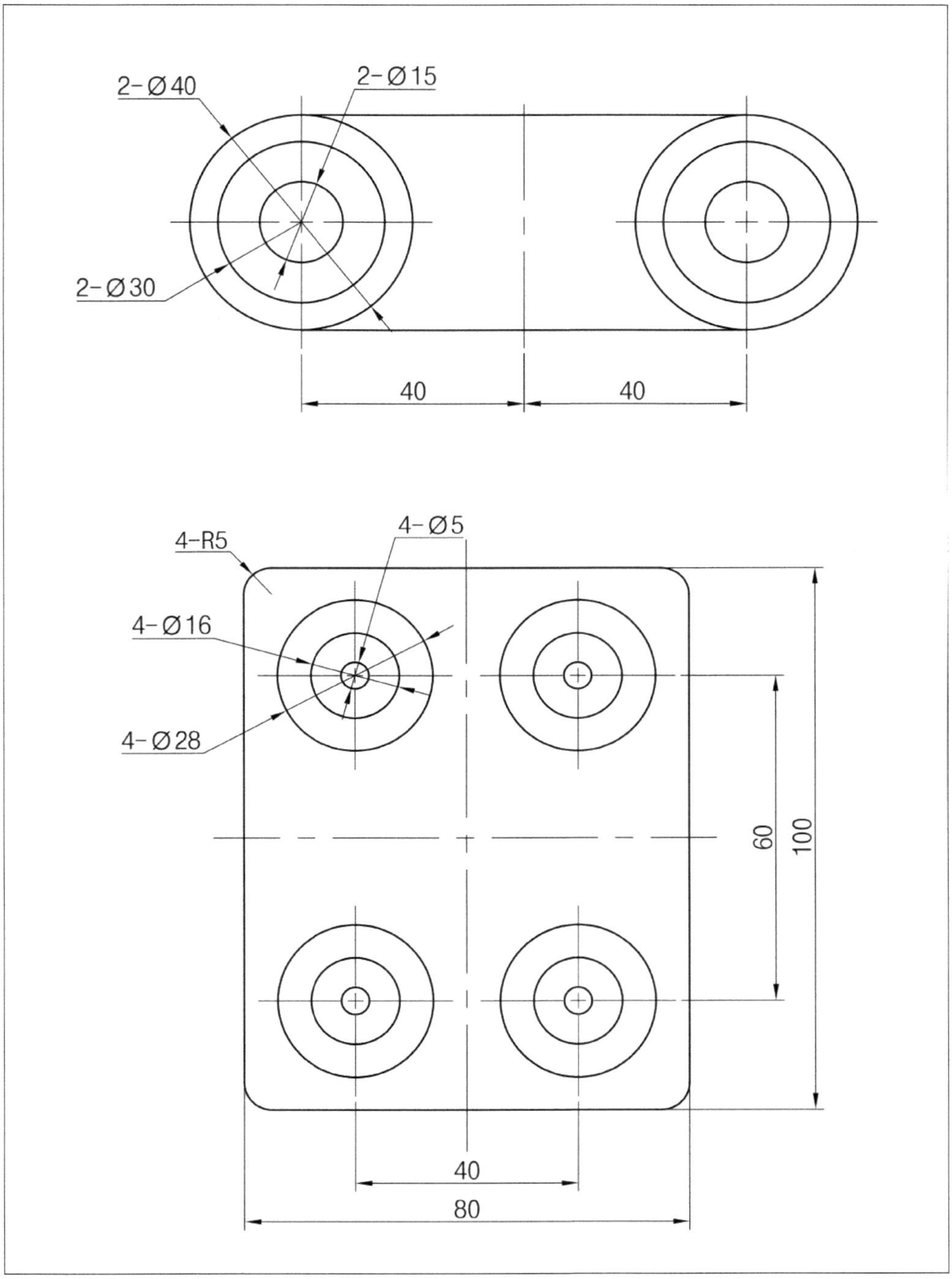
2-Ø40
2-Ø15
2-Ø30
40
40
4-R5
4-Ø5
4-Ø16
4-Ø28
60
100
40
80

5. 회전(ROTATE) 하기

명령 : ROTATE, 단축키 : RO

ROTATE 명령은 도면의 선택한 요소를 지정한 점을 중심으로 지정한 각도 만큼 회전시키는 명령어이다.

[1] 회전 각도만 지정

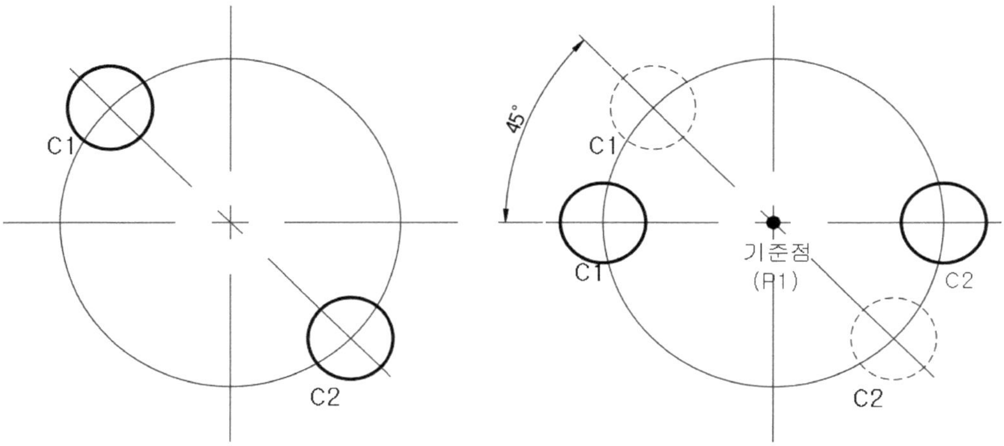

C1, C2의 원을 우측 그림과 같이 지정한 각도만큼 회전된 원을 생성해 보자.

- 명령 : RO(ROTATE) Enter
- ROTATE 객체 선택 : C1,C2 클릭 Enter
- ROTATE 기준점 지정 : : P1 클릭
- ROTATE 회전 각도 지정 또는 [복사(C), 참조(R)] : 45 Enter

복사(C)를 선택 시 기존 원은 그대로 두고 새로운 각도의 원을 생성 시킬 수 있다.

[2] 기울기 참조선 지정

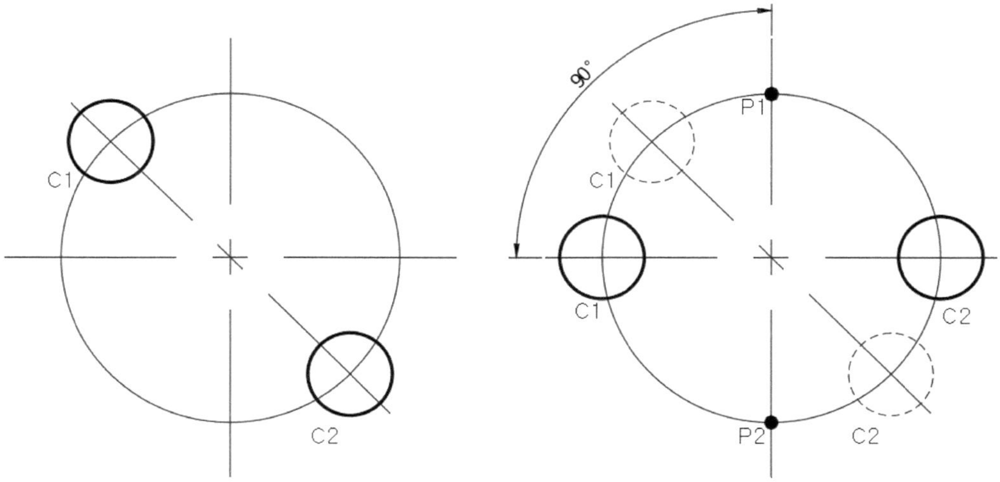

C1, C2의 원을 우측 그림과 같이 지정한 각도만큼 회전된 원을 생성해 보자.

- 명령 : RO(ROTATE) Enter
- ROTATE 객체 선택 : C1,C2 클릭 Enter
- ROTATE 기준점 지정 : : P1 클릭
- ROTATE 회전 각도 지정 또는 [복사(C), 참조(R)] : R Enter
- ROTATE 참조 각도를 지정 : P1 클릭
- 두 번째 점을 지정 : P2 클릭
- ROTATE 새 각도 지정 또는 [점(P)] : 90 Enter

[3] ROTATE 명령 활용 예제

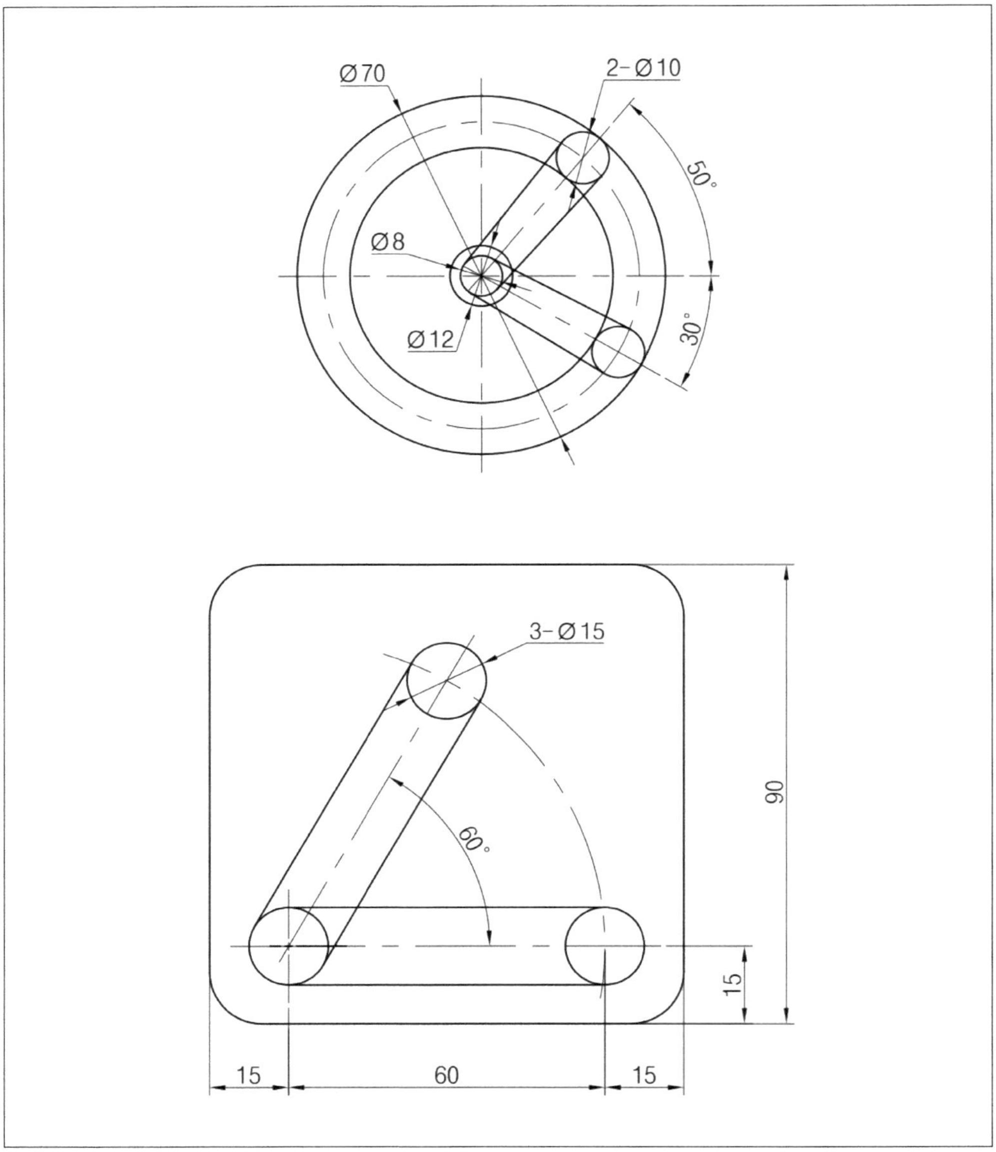

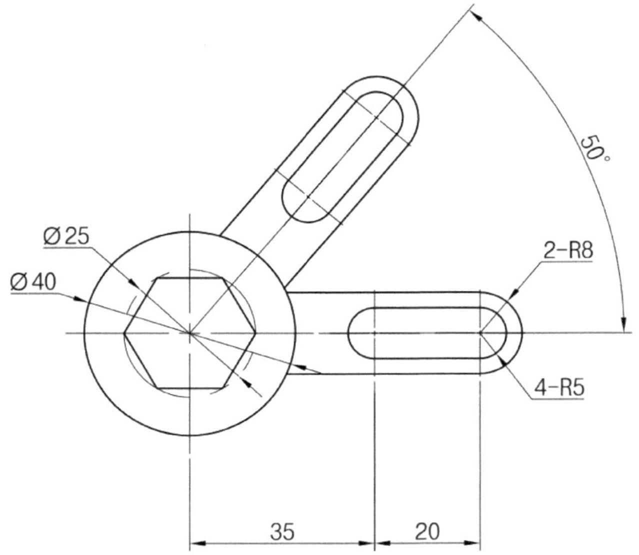

50°
Ø25
Ø40
2-R8
4-R5
35
20

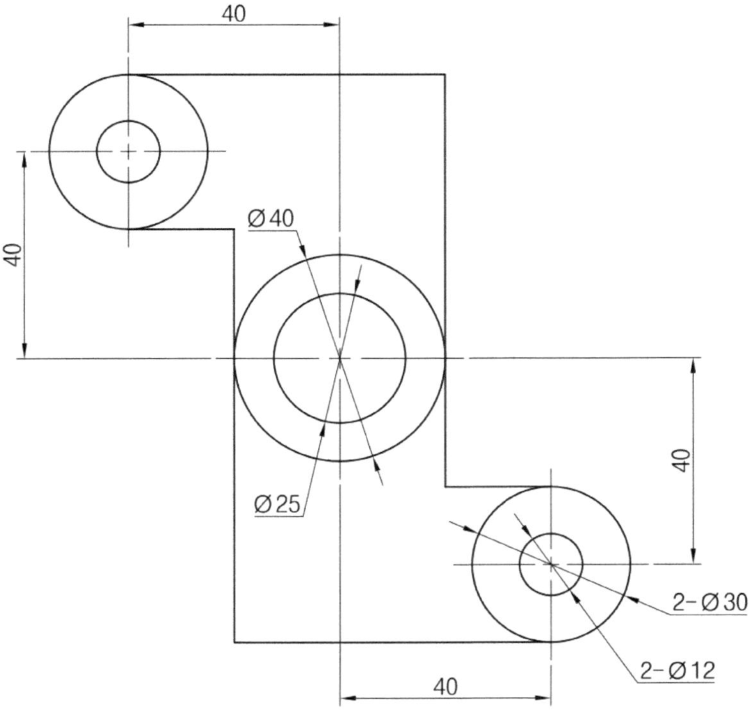

40
40
Ø40
Ø25
40
2-Ø30
2-Ø12
40

6. 축척(SCALE) 하기

명령 : SCALE, 단축키 : SC

SCALE 명령은 도면의 선택한 요소를 지정 배율로 확대하거나 축소하는 명령어이다.

● 일정 배율로 확대 및 축소하기

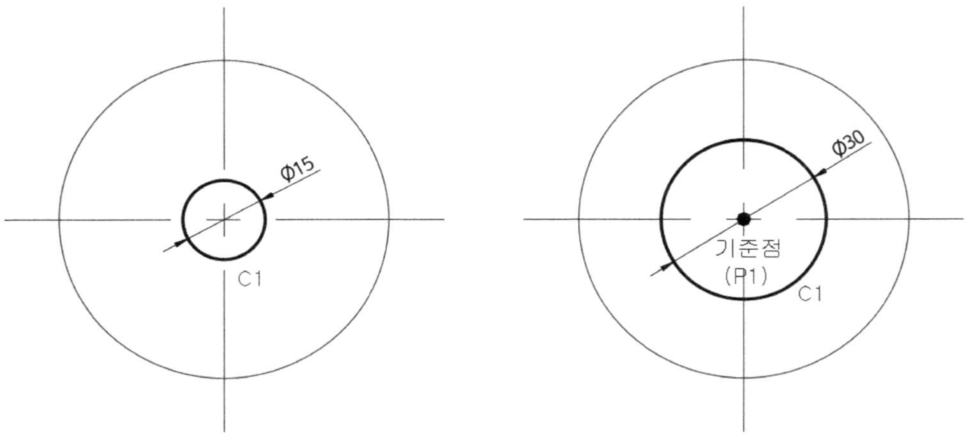

C1의 원을 우측 그림과 같이 지정한 크기만큼 2배 확대된 원을 생성해 보자.

- 명령 : SC(SCALE) Enter
- SCALE 객체 선택 : C1 클릭 Enter
- SCALE 기준점 지정 : : P1 클릭
- SCALE 축척 비율 지정 또는 [복사(C), 참조(R)] : 2 Enter

복사(C)를 선택 시 기존 원은 그대로 두고 새로운 각도의 원을 생성 시킬 수 있다.

● 도면길이를 참조하여 확대 및 축소하기

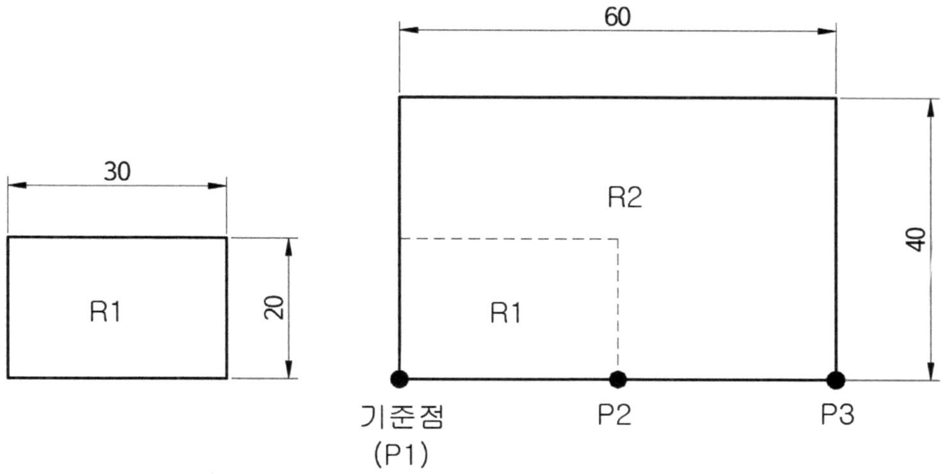

R1의 직사각형을 우측 그림과 같이 지정한 크기만큼 2배 확대된 원을 참조 명령을 사용하여 생성해 보자.

- 명령 : SC (SCALE) Enter
- SCALE 객체 선택 : R1클릭 Enter
- SCALE 기준점 지정 : : P1 클릭
- SCALE 축척 비율 지정 또는 [복사(C), 참조(R)] : R Enter
- SCALE 참조 길이 지정 : 30 Enter 또는 P1클릭
- 두 번째 점을 지정 : P2 클릭
- SCALE TO 길이 지정 또는 [점(P)] : 60 Enter 또는 P3 클릭

7. 모따기(CHAMFER) 하기

명령 : CHAMFER, 단축키 : CHA

CHAMFER 명령은 교차하는 두 선이 만나는 모서리 부분을 모따기 하는 명령어이다. 모따기 된 부분은 절단할 수도 있고 절단하지 않고 남겨 둘 수도 있다.

● 거리 지정 모따기

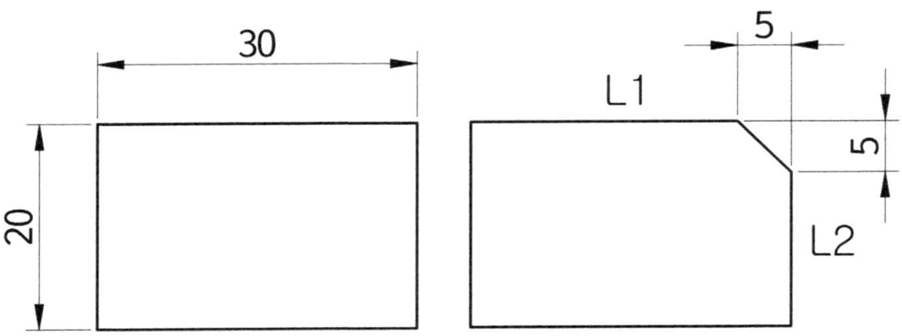

직사각형의 모서리를 지정된 길이 만큼 모따기를 생성해 보자.

- 명령 : CHA (CHAMFER) Enter
- CHAMFER 첫 번째 선 선택 또는 [명령 취소(U)/폴리선(P)/거리(D)/각도(A)/자르기(T)/메서드(E)/다중(M)] : D Enter
- CHAMFER 첫 번째 모따기 거리 지정 〈0.0000〉 : 5 Enter
- CHAMFER 두 번째 모따기 거리 지정 〈5.0000〉 : Enter
- CHAMFER 첫 번째 선 선택 또는 [명령 취소(U)/폴리선(P)/거리(D)/각도(A)/자르기(T)/메서드(E)/다중(M)]: L1 클릭

• CHAMFER 두 번째 선 선택 또는 Shift 키를 누른 채 선택하여 구석 적용 또는 [거리(D)/각도(A)/메서드(M)] : L2 클릭

● 각도 지정 모따기

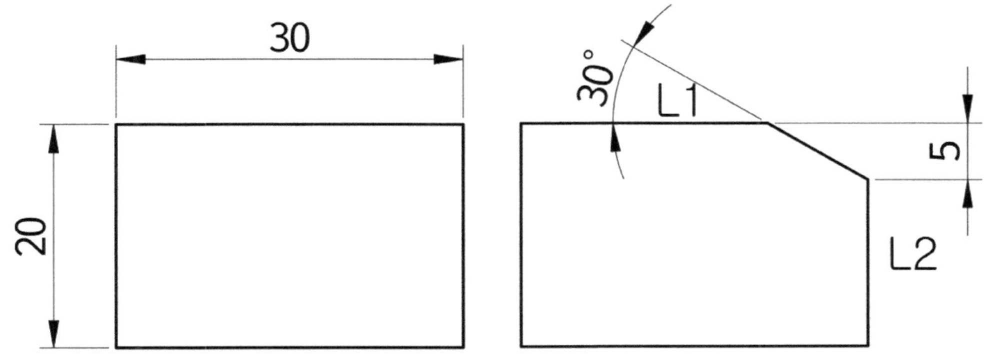

직사각형의 모서리를 지정된 길이만큼 각도를 적용하여 모따기를 생성해 보자.

• 명령 : CHA (CHAMFER) Enter

• CHAMFER 첫 번째 선 선택 또는 [명령 취소(U)/폴리선(P)/거리(D)/각도(A)/자르기(T)/메서드(E)/다중(M)] : A

• CHAMFER 첫 번째 선의 모따기 길이 지정 〈0.0000〉 : 5 Enter

• CHAMFER 첫 번째 선으로부터 모따기 각도 지정 〈0〉 : 30 Enter

• CHAMFER 첫 번째 선 선택 또는 [명령 취소(U)/폴리선(P)/거리(D)/각도(A)/자르기(T)/메서드(E)/다중(M)] : L1 클릭

• CHAMFER 두 번째 선 선택 또는 Shift 키를 누른 채 선택하여 구석 적용 또는 [거리(D)/각도(A)/메서드(M)] : L2 클릭

옵션	설명
명령 취소	명령 이전의 값으로 되돌린다.
폴리선	PLINE 명령 등으로 그린 폴리라인 다각형의 모든 모서리를 동시에 모따기를 적용한다.
거리	두선의 모따기 거리를 지정한다.
각도	첫 번째 선의 모따기 거리와 각도를 지정한다.
자르기	모따기한 부분의 절단 여부를 설정한다. 자르기 - 모따기한 부분을 절단한다. 자르지 않기 - 모따기한 부분을 절단하지 않고 그대로 둔다.
메서드	모따기 방식을 지정한다. 거리 - 이전 실행한 거리 지정 방식으로 모따기 한다. 각도 - 이전 실행한 각도 지정 방식으로 모따기 한다.
다중	모따기 작업을 반복적으로 할 수 있게 설정한다.

8. 모깍기(FILLET) 하기

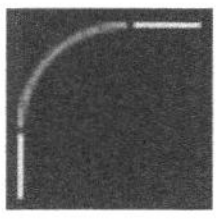

명령 : FILLET 단축키 : F

FILLET 명령은 교차하는 두 선이 만나는 모서리 부분을 지정된 반지름의 호로 모서리를 둥글게 라운딩하는 명령어이다. 모따기 명령어와 같이 라운딩 부분은 절단할 수도 있고 절단하지 않고 남겨 둘 수도 있다.

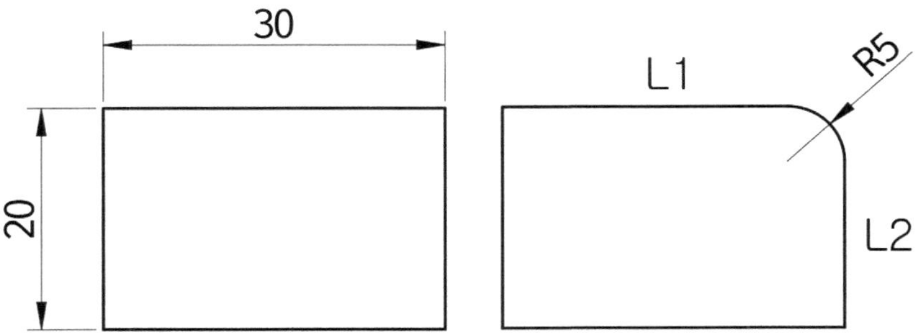

직사각형의 모서리를 지정된 반지름 만큼 모깍기를 생성해 보자.

- 명령: F(FILLET) Enter
  현재 설정: 모드 = 자르기, 반지름 = 5.0000
- FILLET 첫 번째 객체 선택 또는 [명령 취소(U)/폴리선(P)/반지름(R)/자르기(T)/다중(M)]
  : R Enter
- FILLET 모깎기 반지름 지정 〈5.0000〉 : 5 Enter
- FILLET 첫 번째 객체 선택 또는 [명령 취소(U)/폴리선(P)/반지름(R)/자르기(T)/다중(M)]
  : L1 클릭
- FILLET 두 번째 객체 선택 또는 Shift 키를 누른 채 선택하여 구석 적용 또는 [반지름(R)] : L2 클릭

9. 간격띄우기(OFFSET) 하기

명령 : OFFSET, 단축키 : O

OFFSET 명령은 도면의 선택한 요소(선, 원, 호등)를 지정한 거리만큼 원하는 방향으로 복사할 수 있으며, 중심이 같은 라인작성, 일정 간격의 선형모서리, 중심이 같은 호 또는 원을 작성하는데 유용한 명령어이다.

[1] 거리 지정 옵셋

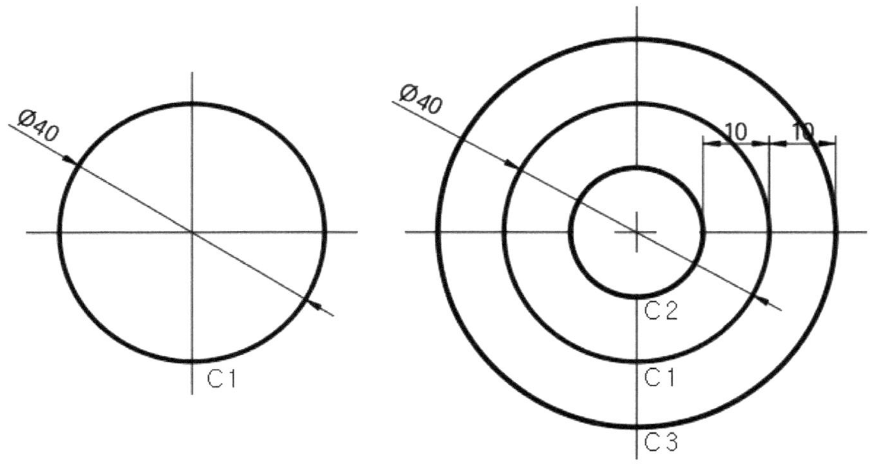

C1의 원을 오른쪽 그림과 같이 C2, C3를 10mm 간격으로 동심원을 생성해 보자

- 명령 : O(OFFSET) Enter
- 간격띄우기 거리 지정 또는 [통과점(T)/지우기(E)/도면층(L)] 〈통과점〉 : 10 Enter
- 간격띄우기 할 객체 선택 또는 [종료(E)/명령 취소(U)] 〈종료〉 : C1 클릭
- 간격띄우기 할 면의 점 지정 또는 [종료(E)/다중(M)/명령 취소(U)] 〈종료 〉: C2 위치 클릭
- 간격띄우기 할 객체 선택 또는 [종료(E)/명령 취소(U)] 〈종료〉 : C1 클릭
- 간격띄우기 할 면의 점 지정 또는 [종료(E)/다중(M)/명령 취소(U)] 〈종료〉 : C3 위치 클릭
- 간격띄우기 할 객체 선택 또는 [종료(E)/명령 취소(U)] 〈종료〉 : Enter

[2] 점 지정 옵셋

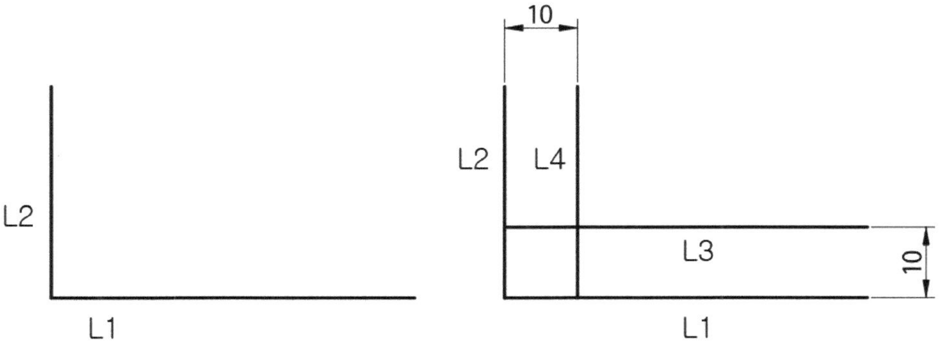

L1, L2의 직선을 오른쪽 그림과 같이 L3, L4를 10mm 간격으로 라인을 생성해 보자

- 명령 : O(OFFSET) Enter
- 간격띄우기 거리 지정 또는 [통과점(T)/지우기(E)/도면층(L)] 〈통과점〉 : T Enter
- 간격띄우기 할 객체 선택 또는 [종료(E)/명령 취소(U)] 〈종료〉 : L1 클릭
- 통과점 지정 또는 [종료(E)/다중(M)/명령 취소(U)] 〈종료〉 : @10〈90 Enter 마우스를 L1 위쪽으로 위치한 후 10 Enter
- 간격띄우기 할 객체 선택 또는 [종료(E)/명령 취소(U)] 〈종료〉 : L2 클릭
- 통과점 지정 또는 [종료(E)/다중(M)/명령 취소(U)] 〈종료〉 : @10〈0 Enter 마우스를 L2 오른쪽으로 위치한 후 10 Enter
- 간격띄우기 할 객체 선택 또는 [종료(E)/명령 취소(U)] 〈종료〉 : Enter

옵션	설명
거리	선택한 도면의 요소와 평행한 선이 그려질 거리를 지정한다.
통과점	선택한 도면의 요소와 평행한 선이 통과할 점을 지정한다.
지우기	선택한 도면 요소를 지정한 거리에 복사한 후 처음 선택된 요소를 삭제한다.
도면층	선택한 도면 요소를 지정한 거리에 LAYER값을 준 후 복사한다.

[3] OFFSET 명령 활용 예제

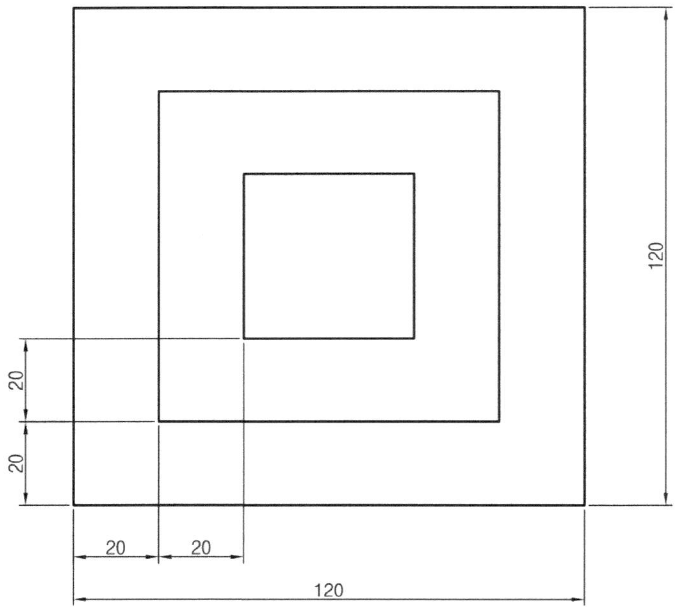

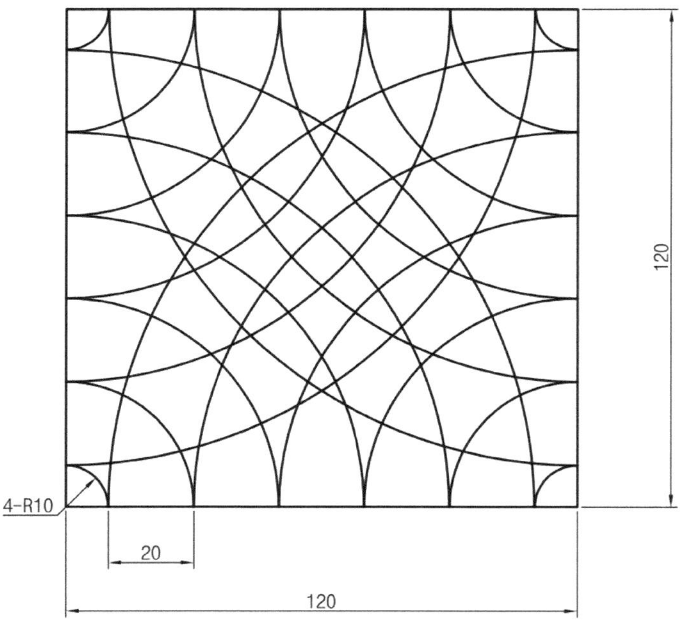

10. 자르기(TRIM)

명령 : TRIM. 단축키 : TR

TRIM 명령은 도면의 선택한 요소(선, 원, 호등)를 경계를 기준으로 일부분을 부분제거 할 때 사용하는 명령어이다.

[1] 자르기 지정

L3, L4를 관통해 그어진 L1, L2의 직선을 L3에서 L4까지의 내부 직선을 제거해 보자.

- 명령 : TR (TRIM) ↵ Enter
- 객체 선택 또는 [모드(O)] 〈모두 선택〉 : 반대 구석 지정: L3, L4 클릭 ↵ Enter
- 자를 객체를 선택하거나 Shift 키를 누른 채로 선택하여 확장 또는 [절단 모서리(T)/울타리(F)/걸치기(C)/모드(O)/프로젝트(P)/모서리(E)/지우기(R)] : L3,L4 사이의 L1 클릭
- 자를 객체를 선택하거나 Shift 키를 누른 채로 선택하여 확장 또는 [절단 모서리(T)/울타리(F)/걸치기(C)/모드(O)/프로젝트(P)/모서리(E)/지우기(R)/명령취소(U)] : L3,L4 사이의 L2 클릭
- 자를 객체를 선택하거나 Shift 키를 누른 채로 선택하여 확장 또는 [절단 모서리(T)/울타리(F)/걸치기(C)/모드(O)/프로젝트(P)/모서리(E)/지우기(R)/명령취소(U)] : ↵ Enter

옵션	설명
울타리	선택된 기준선에 선을 그어 접하는 모든 선들을 제거한다.
걸치기	선택된 기준선에 드래그하여 선택된 모든 선들을 제거한다.
프로젝트	3차원 도면에 사용하며, 3차원 도면의 평면으로 투영된 여부를 설정한다.
모서리	기준선의 경계선 연장여부를 선택한다.

[2] TRIM 명령 활용 예제

150
15
15
4-R15
15
15

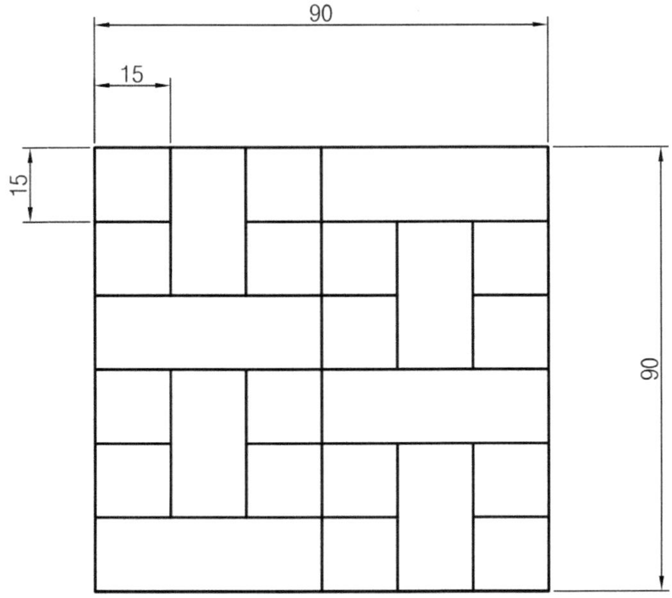
90
15
15
90

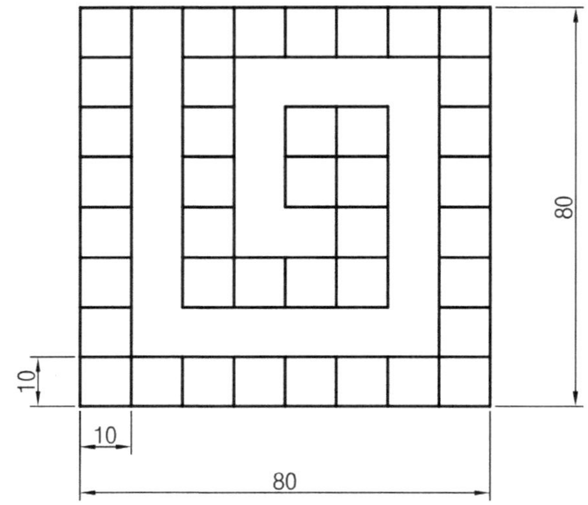
80
10
10
80

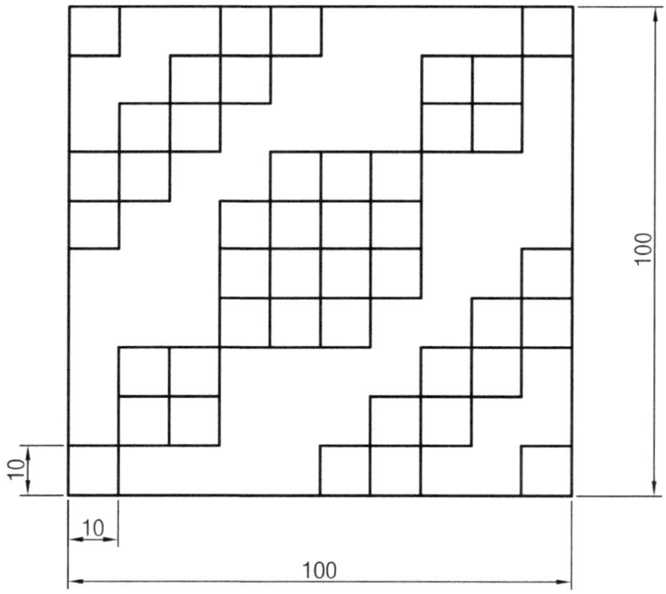
100
10
10
100

11. 연장 하기(EXTEND)

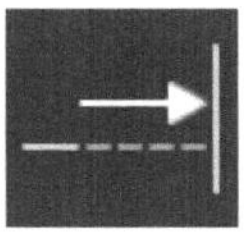

명령 : EXTEND 단축키 : EX

EXTEND 명령은 도면의 선택한 요소(선, 원, 호등)의 끝이 닫혀 있지 않는 개곡선을 다른 경계선까지 연장선으로 그려주는 명령어이다.

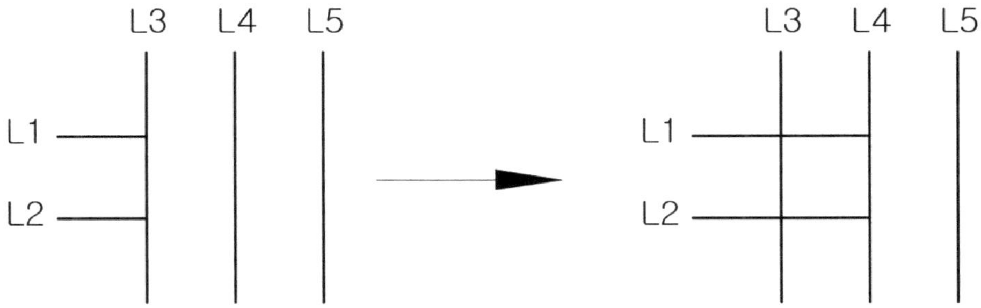

L3까지 그어져 있는 L1, L2 직선을 L4까지 연장해 보자.

- 명령 : EX (EXTEND) ↵ Enter
- 객체 선택 또는 [모드(O)] 〈모두 선택〉 : L4 클릭 ↵ Enter
- 연장할 객체 선택 또는 Shift 키를 누른 채 선택하여 자르기 또는 [경계 모서리(B)/울타리(F)/걸치기(C)/모드(O)/프로젝트(P)/모서리(E)] : L1 오른쪽 부분 클릭
- 연장할 객체 선택 또는 Shift 키를 누른 채 선택하여 자르기 또는 [경계 모서리(B)/울타리(F)/걸치기(C)/모드(O)/프로젝트(P)/모서리(E)] : L2 오른쪽 부분 클릭
- 연장할 객체 선택 또는 Shift 키를 누른 채 선택하여 자르기 또는 [경계 모서리(B)/울타리(F)/걸치기(C)/모드(O)/프로젝트(P)/모서리(E)] : ↵ Enter

옵션	설명
울타리	선택된 기준선에 선을 그어 접하는 모든 선들을 연장한다.
걸치기	선택된 기준선에 드래그하여 선택된 모든 선들을 연정한다.
프로젝트	3차원 도면에 사용하며, 3차원 도면의 평면으로 투영된 여부를 설정한다.
모서리	기준선의 경계선 연장여부를 선택한다.

12. 신축(STRETCH) 하기

명령 : STRETCH 단축키 : S

STRETCH 명령은 도면의 선택한 요소(선, 원, 호등)를 늘리거나 줄일 수 있는 명령어이다. 또한 선택한 요소의 이동에도 사용할 수 있다.

● 도면 요소 늘리기

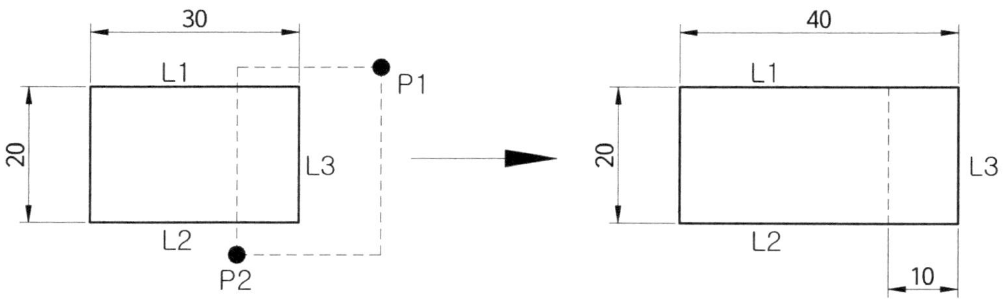

L1, L2의 직선 30mm를 40mm로 늘려보자.

- 명령 : S STRETCH Enter
- STRETCH 객체 선택: P1 · 클릭 반대 구석 지정 : P2 · 클릭 객체 선택: Enter

• 기준점 지정 또는 [변위(D)] 〈변위〉 : 임의의 점 클릭

• 두 번째 점 지정 또는 〈첫 번째 점을 변위로 사용〉 : @10〈0

● 도면 요소 이동하기

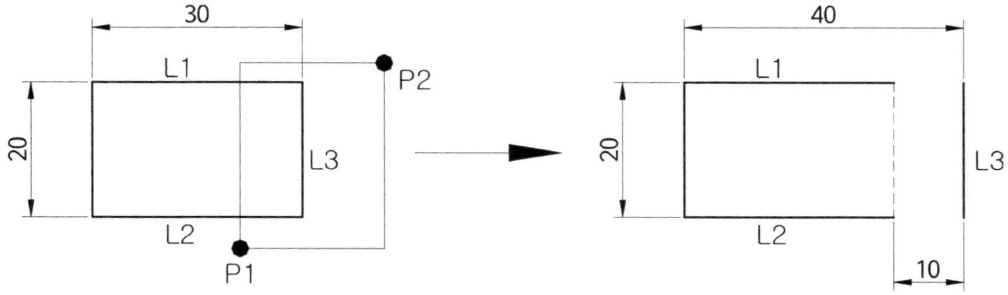

L3 직선을 우측으로 10mm 이동해 보자.

• 명령 : S STRETCH Enter

• STRETCH 객체 선택 : P1 · 클릭 반대 구석 지정 : P2 · 클릭 객체 선택: Enter

• 기준점 지정 또는 [변위(D)] 〈변위〉 : 임의의 점 클릭

• 두 번째 점 지정 또는 〈첫 번째 점을 변위로 사용〉 : @10〈0

13. 끊기(BREAK)

명령 : BREAK 단축키 : BR

BREAK 명령은 도면의 선택한 도면 요소의 임의 구간을 제거하거나 두 개의 도면 요소로 분리할 때 사용한다.

● 도면 요소 늘리기

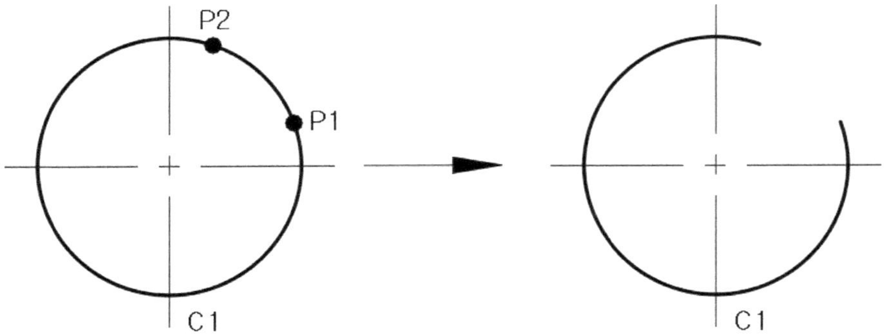

C1이 원을 P1지점에서 P2 지점까지의 선을 제거해 보자.

- 명령 : BR BREAK Enter
- 객체 선택: C1 클릭
- 두 번째 끊기점을 지정 또는 [첫 번째 점(F)]: f Enter
- 첫 번째 끊기점 지정 : P1 클릭
- 두 번째 끊기점을 지정 : P2 클릭

● 도면 요소 이동하기

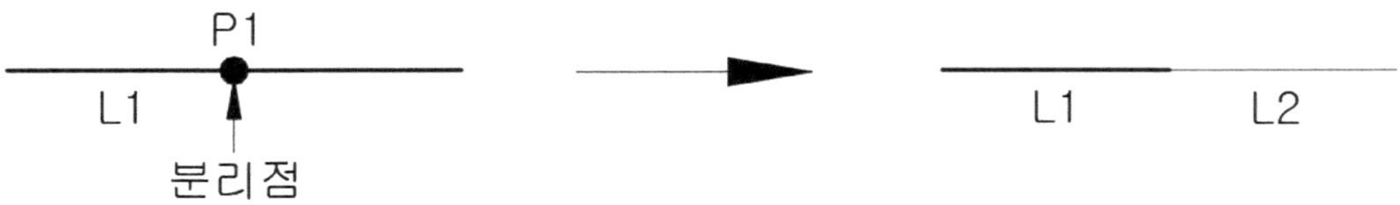

L1 하나의 선을 P1(분리점)을 기준으로 두 개의 선으로 분리해 보자.

- 명령 : BR BREAK Enter
- 객체 선택 : L1 클릭

• 두 번째 끊기점을 지정 또는 [첫 번째 점(F)] : f ↵ Enter

• 첫 번째 끊기점 지정 : P1 클릭

• 두 번째 끊기을 지정 : @ ↵ Enter

CHAPTER 4

도형 해치 및 문자 기입

1.
해치(BHATCH) 하기

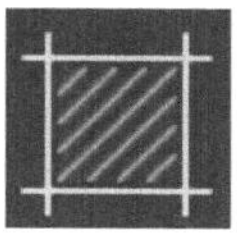

명령 : BHATCH 단축키 : BH

[1] 도면에 해치 하기

BHATCH 명령은 이미 그려진 도면 부품의 절단면이나 부품의 재질등을 나타내는 해치선을 그릴 때 사용된다.

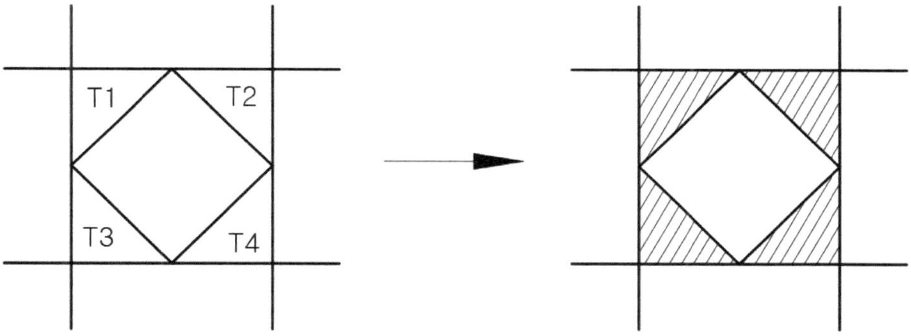

상기 그림과 같이 사각형 내부의 삼각형 T1, T2, T3, T4 구역에 해치를 해보자.

- 명령 : BH(HATCH) Enter
- 내부 점 선택 또는 [객체 선택(S)/명령 취소(U)/설정(T)]: T1, T2, T3, T4 클릭

- 상단 메뉴에서 ANSI31 클릭
- 상단 메뉴 각도에 “15” 입력
- 상단 메뉴의 “닫기 해치 작성” 클릭

[2] 해치 수정하기

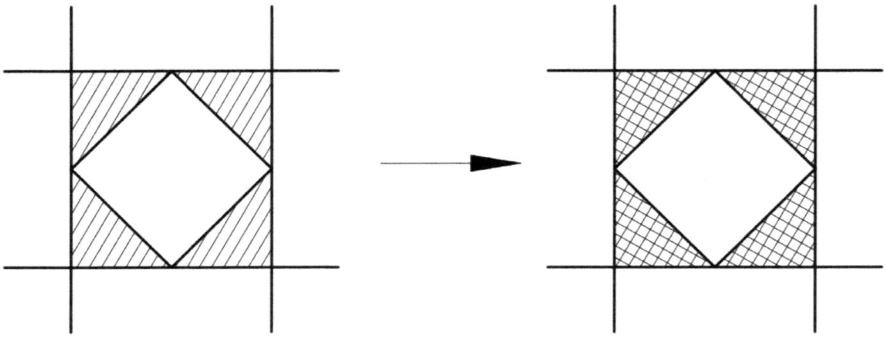

상기의 ANSI31로 구성된 해치를 ANSI37로 수정해 보자.

- 수정할 해치를 더블클릭 또는 명령
- 명령 : HATCHEDIT ↵ Enter
- 해치 객체 선택: HATCH 클릭

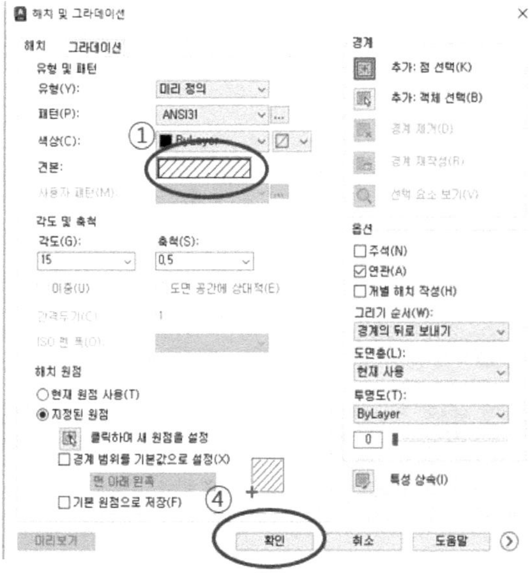

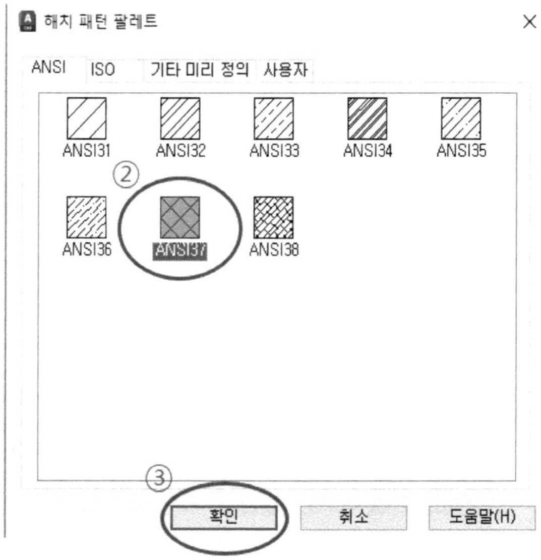

- 상기 ①②③④ 순으로 클릭하여 수정

[3] HATCH 명령 활용 예제

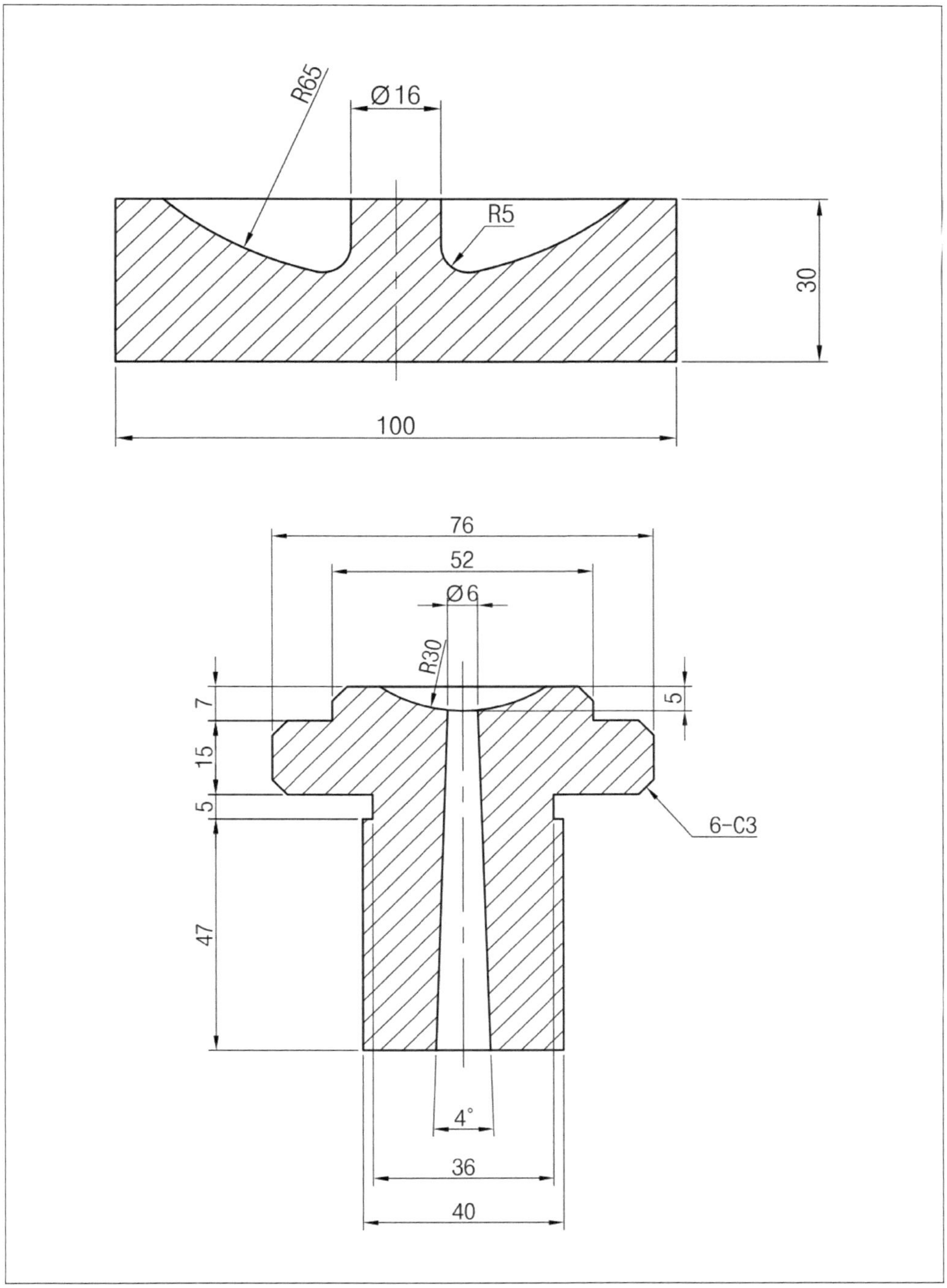

2. 문자 기입하기(TEXT, MTEXT)

명령 : TEXT / MTEXT 단축키 : T or MT

TEXT

TEXT 명령은 기본적으로 지정한 점에 입력 문자열의 왼쪽에 맞춰 정렬하는 문자형식이다. 그러나 자리맞추기 옵션을 사용하면 입력 문자열을 다양하게 정렬할 수 있다.

- 명령 : TEXT Enter
- 현재 문자 스타일 : "Style1" 문자 높이 : 2.50 주석 : 아니오 자리맞추기 : 왼쪽
- 문자의 시작점 지정 또는 [자리맞추기(J)/스타일(S)]: j
- 옵션 입력 [왼쪽(L)/중심(C)/오른쪽(R)/정렬(A)/중간(M)/맞춤(F)/맨위왼쪽(TL)/맨위중심(TC)/맨위오른쪽(TR)/중간왼쪽(ML)/중간중심(MC)/중간오른쪽(MR)/맨아래왼쪽(BL)/맨아래중심(BC)/맨아래오른쪽(BR)]:

옵션	설명
왼쪽(오른쪽)	지정한 점에 입력 문자열의 왼쪽(오른쪽) 끝을 맞춰 정렬한다. 문자 높이는 아래에 맞춰 정렬한다.
중심	지정한 점에 입력 문자열의 가운데에 맞추 정렬한다.
정렬	지정한 두 점에 입력 문자열의 양 끝을 맞춰 정렬한다. 이때 문자의 높이는 입력 문자열의 폭에 맞춰 자동으로 조정된다.
중간	문자의 높이를 문자의 중심에 맞춰 정렬한다. 문자열은 가운데에 맞춰 정렬한다.
맞춤	지정한 두 점에 입력 문자열의 양 RMx을 맞춰 정렬한다. 이때 문자의 높이는 별도로 지정한다.
맨위왼쪽	문자의 높이는 위에 정렬하고, 문자열은 왼쪽에 맞춰 정렬한다.

맨위중심	문자의 높이는 위에 정렬하고, 문자열은 가운데에 맞춰 정렬한다.
맨위오른쪽	문자의 높이는 위에 정렬하고, 문자열은 오른쪽에 맞춰 정렬한다.
중간왼쪽	문자의 높이는 중간에 정렬하고, 문자열은 왼쪽에 맞춰 정렬한다.
중간중심	문자의 높이는 중간에 정렬하고, 문자열은 가운데에 맞춰 정렬한다. (중간 옵션의 기능과 동일하다.)
중간오른쪽	문자의 높이는 중간에 정렬하고, 문자열은 오른쪽에 맞춰 정렬한다.
맨아래왼쪽	문자의 높이는 아래에 정렬하고, 문자열은 왼쪽에 맞춰 정렬한다.
맨아래중심	문자의 높이는 아래에 정렬하고, 문자열은 가운데에 맞춰 정렬한다. (중심 옵션의 기능과 동일하다.)
맨아래오른쪽	문자의 높이는 아래에 정렬하고, 문자열은 오른쪽에 맞춰 정렬한다. (오른쪽 옵션과 동일하다.)

● MTEXT, **단축키** T or MT

MTEXT 명령은 AutoCAD 문서 편집기를 이용하여 문자를 입력하는 방식으로 여러 문장으로 이루어진 문자열을 입력할 때 사용한다. 행수에 관계없이 전체의 문자가 하나의 객체가 되므로 MTEXT 전체를 삭제, 복사, 이동 등이 가능하다.

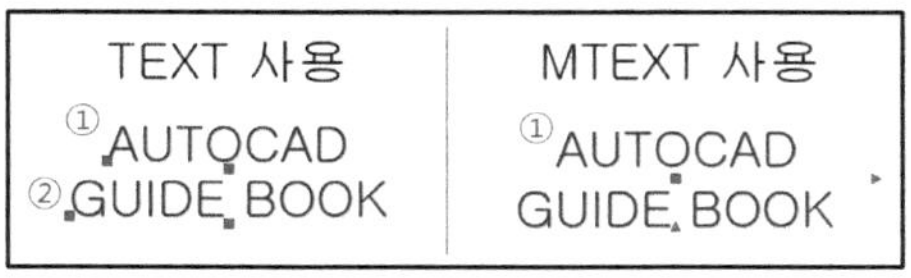

TEXT를 사용할 경우 여러 행을 작업할 때 행마다 객체가 분리되지만 MTEXT를 사용할 경우 하나의 객체로 인식한다.

- **명령** : T MTEXT Enter
  현재 문자 스타일 : "Style1" 문자 높이 : 5 주석 : 아니오
- 첫 번째 구석 지정: 문자 입력 위치 지정
- 반대 구석 지정 또는 [높이(H)/자리맞추기(J)/선 간격두기(L)/회전(R)/스타일(S)/폭(W)/열(C)] :

옵션	설명
높이	입력 문자의 높이를 지정한다.
자리맞추기	입력 문자열의 정렬 방식을 지정한다.
선 간격두기	입력 문자의 행 간격을 지정한다.
회전	입력 문자열의 회전 각도를 지정한다.
스타일	입력 문자열에 적용할 문자의 유형을 지정한다.
폭	문자 삽입 점과 다른 한 점의 거리를 문자열의 폭으로 지정한다.
열	컬럼 박스를 조정한다.

● 특수 문자 입력 방법

입력 형식	설명
%%u	문자의 밑줄(_)을 표현하거나 해제한다.
%%o	문자의 윗줄(¯)을 표현하거나 해제한다.
%%p	상하한 값을 나타내는 ± 기호를 입력한다.
%%c	지름을 나타내는 ∅ 기호를 입력한다.
%%d	각도를 나타내는 ° 기호를 입력한다.

● 문자 수정하기

• 수정할 문자를 더블클릭하여 수정

CHAPTER 5

치수 기입하기

1.
치수 기입하기

도면의 형태와 크기를 판단하기 위해 치수를 기입한다. 치수 기입 형태로는 선형치수, 지름, 반지름, 각도, 좌표치수 등이 있다. 하기 도면과 같이 치수 기입의 기본요소는 치수선, 치수 보조선, 치수 문자, 화살표, 지시선등 여러 형태를 가지고 있다.

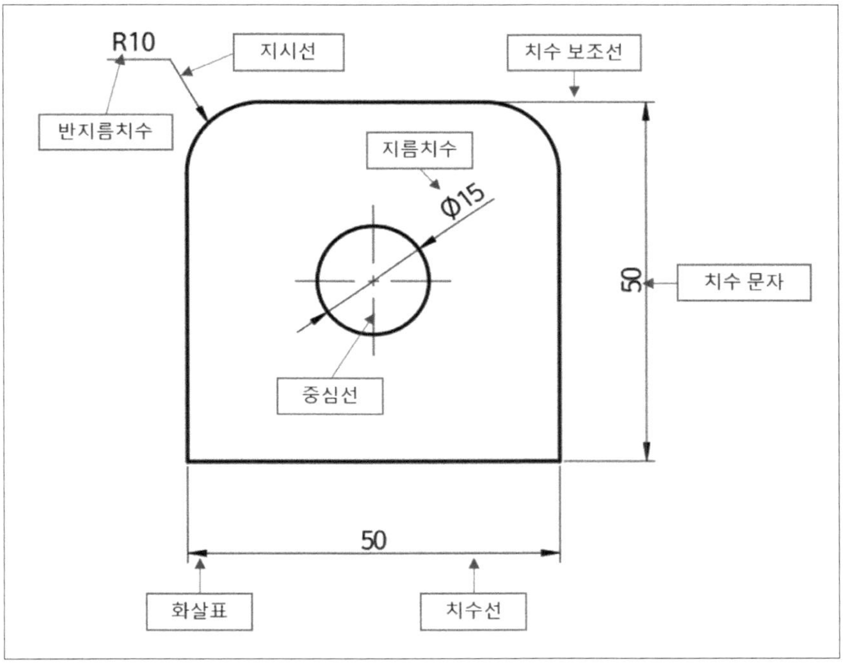

용어		설명
치수선	[Dimension Line]	치수나 각이 그려진 화살표가 있는 선
치수보조선	[Extension Line]	치수선이 물체의 밖에 있을 때 치수선 양쪽에 직각으로 그려진 선
화살표	[Arrows]	치수를 나타내는 선 끝에 여러 가지의 표시 마크 사용
치수문자	[Dimension Text]	치수선에 표시할 거리나 각을 나타내는 문자나 숫자
허용오차	[Tolerances]	치수의 크기로 제품을 가공할 때 필요한 상한, 하한값
한계값	[Limits]	치수의 허용 오차 값을 계산하여 표시한 상한, 하한값
중심선	[Center Line]	원이나 호의 중심과 사분 점을 지나는 선
중심표시	[Center Mark]	원이나 호의 중심을 표시하는 조그마한 십자 표시
지시선	[Leader]	치수 기입할 간격이 좁을 때 치수선과 문자를 적당한 위치로 끌어내기 위한 선
두 단위 표시	[Alternate Units]	치수를 두 가지 측정 단위로 동시에 나타낸 것
변수	[Variable]	하나의 치수를 변수에 의해 다양하게 표현함

2. 치수 스타일 작성하기

치수 스타일(DIMSTYLE ; DDIM) 명령은 여러 치수 변수값을 하나의 유형으로 저장하여 다시 사용 할 수 있도록 해주는 명령어이다. 치수 유형은 도면 파일에 저장되므로 자주 이용하는 치수 유형을 도면 템플릿 파일에 저장하여 사용하면 매우 유용하다.

● 치수 스타일 관리자

· 명령 : DDIM or DIMSTYLE Enter

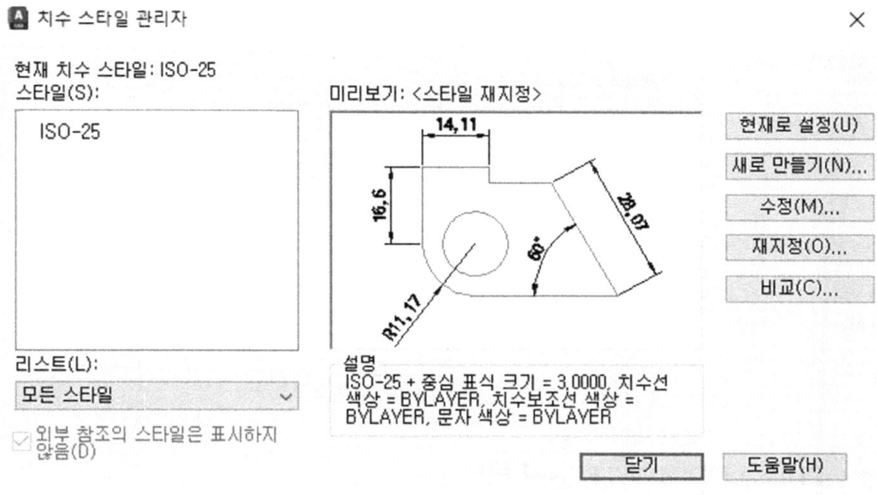

용어	설명
스타일	사용 또는 편집하고자 하는 치수 유형을 선택한다.
리스트	치수 유형 목록의 표시형식을 지정한다.
미리보기	선택한 치수 유형의 주요 치수 변수를 그림으로 보여준다.
설명	선택한 치수 유형에 대한 간단한 설명을 보여준다.
현재로 설정	선택한 치수 유형을 사용 치수 유형으로 설정한다.
새로 만들기	새로운 치수 유형을 작성한다.
수정	치수 유형 목록에서 선택한 치수 유형을 수정한다.
재지정	현재 치수 유형의 특정 치수 변수값을 변경하여 사용할 수 있는 임시 유형을 생성한다.
비교	두 가지 치수 유형의 치수 변수값을 비교한다.

● 새 치수 유형 작성하기

도면에 적용하고자 하는 치수의 변수값을 직접 설정하여 새로운 치수 유형을 "A4x2" 라는 이름으로 작성해 보자.

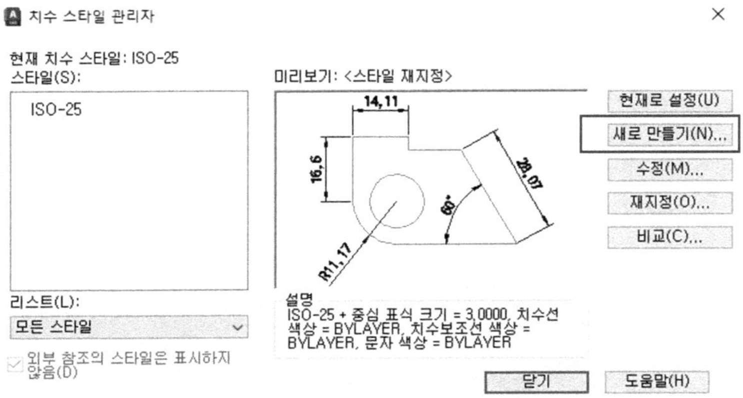

· 명령 : DDIM or DIMSTYLE Enter

· 치수 스타일 관리자에서 새로 만들기를 클릭

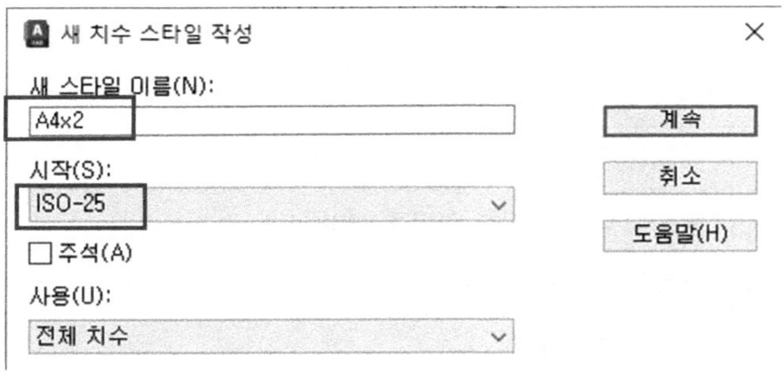

· 새 스타일 이름 “A4x2” 입력

· 기본 스타일은 ISO-25(기존 작성된 스타일)로 선택

· 계속 클릭

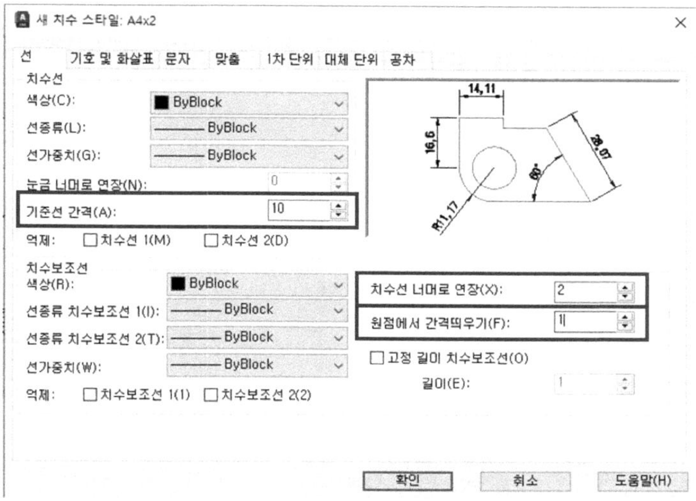

· 기준선 간격 : 10 입력(치수선 사이의 간격)

· 치수선 너머로 연장 : 2 입력

· 원점에서 간격띄우기 : 1 입력

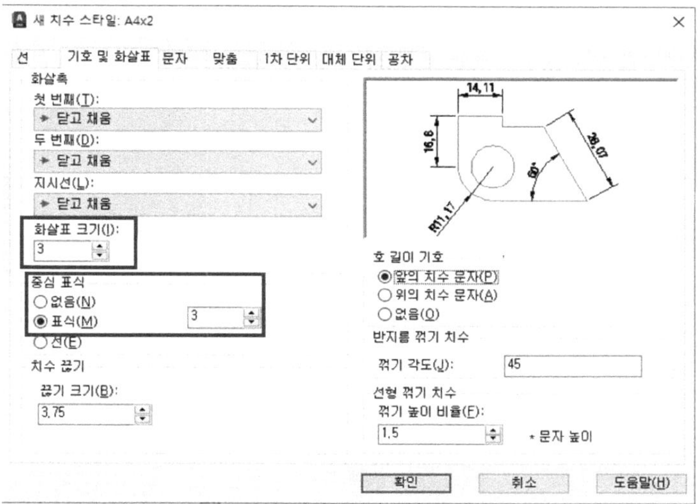

· 기호 및 화살표 탭 선택

· 화살표 크기 : 3 입력

· 중심표식 : "선" 선택, 3 입력

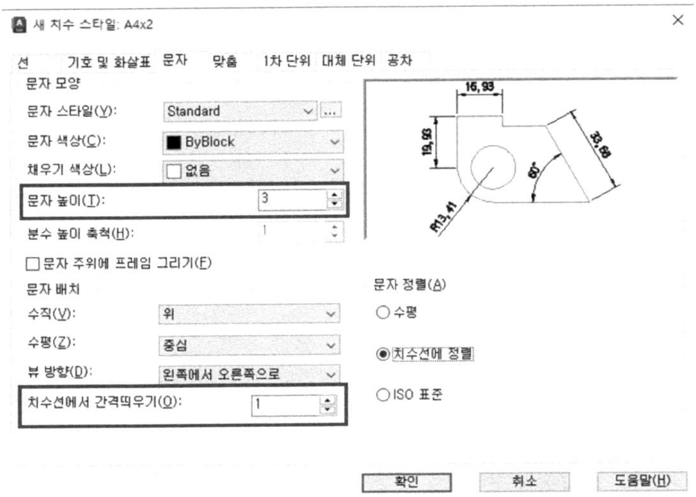

· 문자 탭 선택

· 문자 높이 : 3 입력

· 치수선에서 간격띄우기 : 1 입력

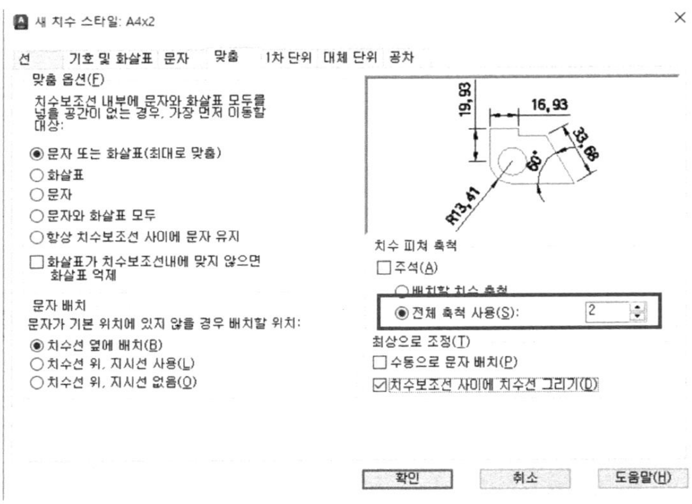

· 맞춤 탭 선택

· 전체 축척 사용 : 2 입력(1/2의 축척으로 출력하려고 하므로 2배로 설정하여 앞서 설정한 치수 유형(문자높이, 화살표 크기 등)이 2배로 커짐)

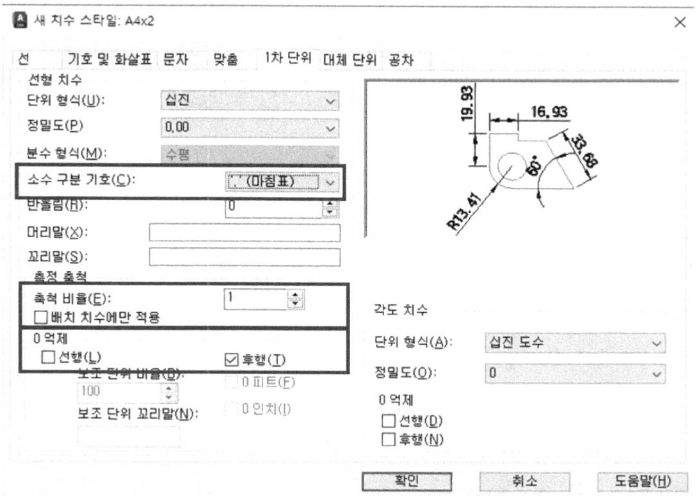

· 1차 단위 탭 선택

· 소수 구분 기호 : "."(마침표) 선택

· 축척비율 : 1 입력(입력한 숫자에 따라 실제 치수와 다르게 치수를 나타낼 수 있음)

· 0억제 : 후행 클릭(소수점 아래 자리의 00으로 표시되는 숫자를 억제한다.

· 확인 클릭

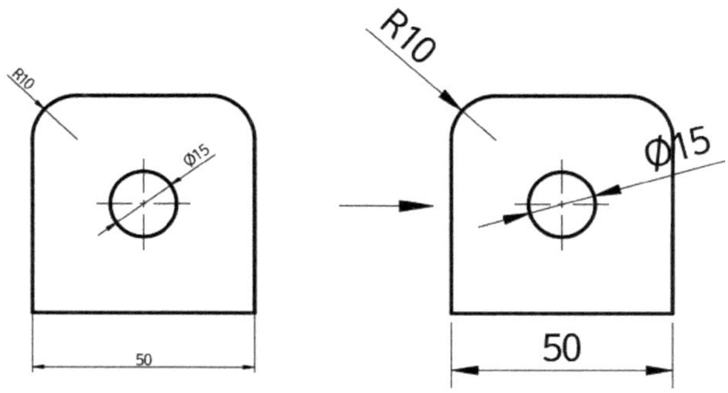

· 우측 그림과 같이 설정 전치수와 설정 후를 비교할 수 있다.

치수 기입 명령어

아이콘	명령어	설명	예시
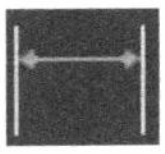	DIMLINEAR	수평, 수직 또는 회전 치수선과 함께 선형 치수를 작성하며, 이 명령은 DIMHORIZONTAL 및 DIMVERTICAL 명령을 대치할 수 있다.	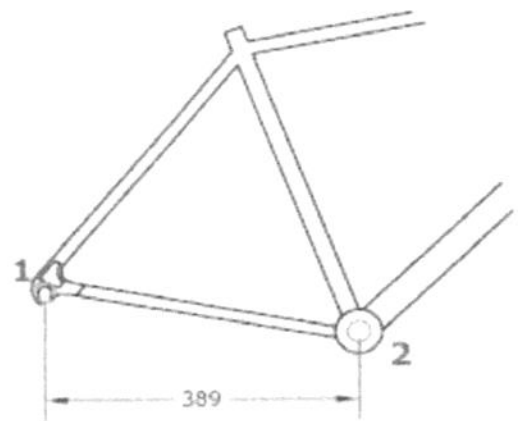
	DIMALIGNED	치수보조선의 원래 점과 맞춘 선형 치수를 작성한다.	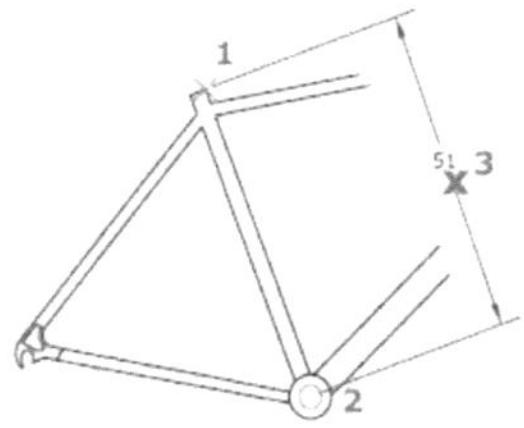
	DIMANGULAR	선택한 기하학적 객체 또는 3개의 점 사이의 각도를 측정하여 작성한다.	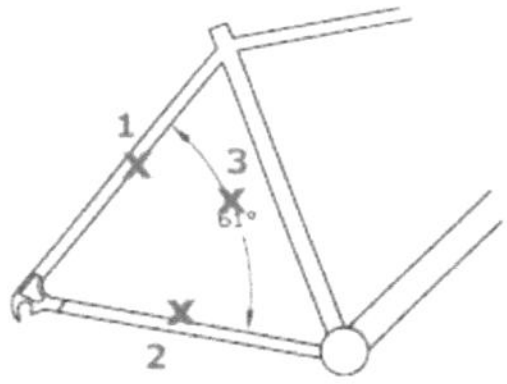
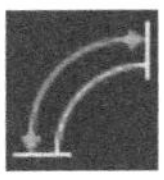	DIMARC	호 길이 치수는 호 또는 폴리선 호 세그먼트를 따라 거리를 측정하며, 호 길이 치수의 치수보조선은 직교 또는 원형일 수 있다. 호 기호는 위에 표시되거나 치수 문자 앞에 표시된다.	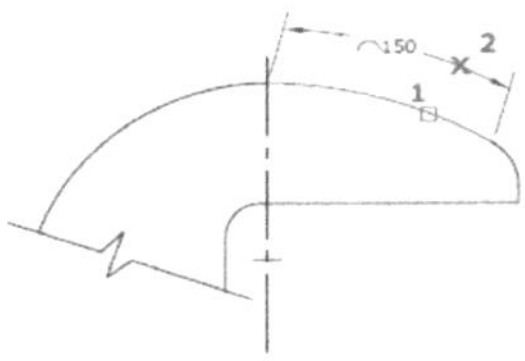
	DIMRADIUS	선택한 원이나 호의 반지름을 측정하고 원이나 호 앞에 반지름 기호와 함께 치수 문자를 표시한다. 그립을 사용하여 결과 반지름 치수를 손쉽게 재배치할 수 있다.	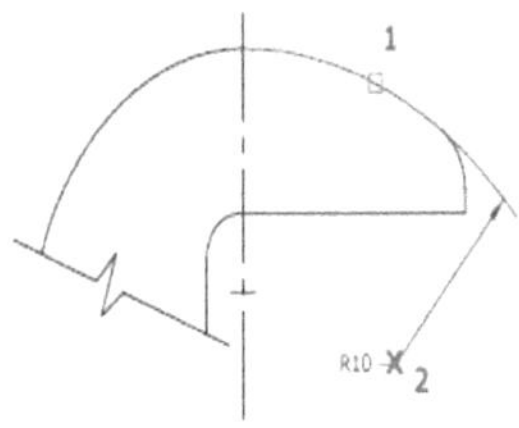

	DIMDIAMETER	선택한 원이나 호의 지름을 측정하고 원이나 호 앞에 지름 기호와 함께 치수 문자를 표시한다. 그립을 사용하여 결과 지름 치수를 손쉽게 재배치할 수 있다.	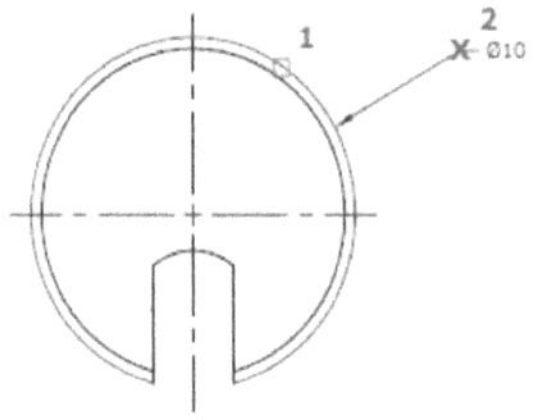
	MLEADER	지시선으로 치수를 기입하는 명령어로 치수선이나 치수보조선으로 기입하기 곤란한 치수를 나타낼 때 사용한다.	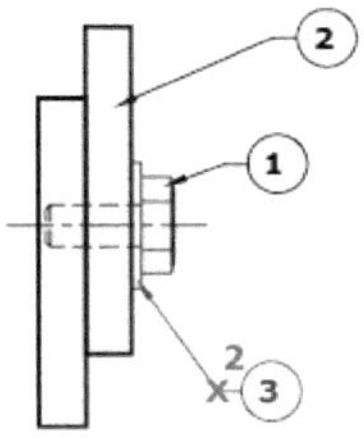

CHAPTER 6

도면 출력하기

1. 플롯(PLOT)하기

명령 : PLOT or PRINT

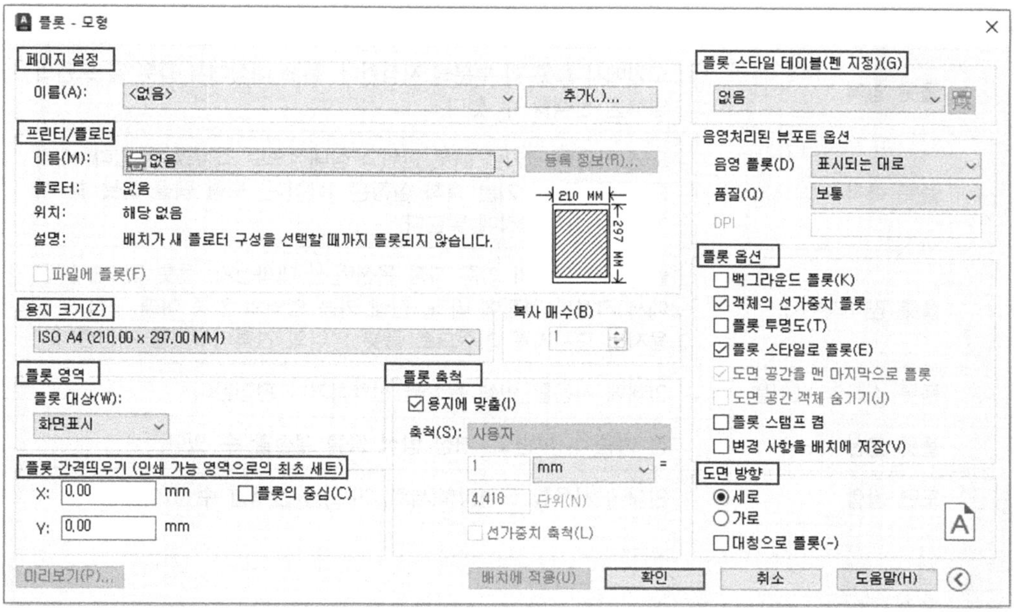

항목	설명
페이지 설정	도면에서 명명되어 저장된 페이지 설정 리스트를 표시한다. 도면에 저장된 명명된 페이지 설정의 현재 페이지 설정을 기본으로 하거나, 추가를 클릭하여 플롯 대화상자의 현재 설정에 기반한 새로 명명된 페이지 설정을 작성할 수 있다.
프린터/플로터	인쇄에 사용할 플로터나 프린터를 지정하거나 선택된 인쇄장치의 환경을 설정한다.
용지크기	선택된 인쇄 장치에 사용할 수 있는 표준 용지 크기를 표시한다. 플로터를 선택하지 않으면 전체 표준 용지 크기 리스트가 표시되어 선택할 수 있다.
플롯 영역	도면에서 플롯 할 부분을 지정한다. 플롯 대상에서 플롯 될 도면의 영역을 선택할 수 있다.
플롯 축척	도면 단위의 크기를 플롯 단위와 상대적으로 조정할 수 있다. 배치를 플롯 할 때 기본 축척 설정은 1:1이며, 모형 탭을 플롯 할 때 기본 설정은 용지에 맞춘다.
플롯 간격띄우기	플롯 간격띄우기 기준 지정 옵션(옵션 대화상자, 플롯 및 게시 탭)에서 지정한 설정에 따라, 인쇄 가능 영역의 왼쪽 아래 구석 또는 용지의 모서리를 기준으로 플롯 영역의 간격띄우기를 지정한다.
플롯 스타일 테이블	인쇄에 사용할 인쇄 유형을 선택하거나 편집한다.
플롯 옵션	선 가중치, 투명도, 저장 방식 등을 설정할 수 있다.
도면 방향	인쇄에 사용할 도면방향(세로, 가로)을 선택할 수 있다.

플롯(인쇄) 영역 설정하기

[1] 범위

도면 중 객체를 포함하고 있는 현재 공간 부분을 인쇄한다. 현재 공간에 있는 모든 형상이 인쇄된다. 인쇄 전에 범위를 다시 계산하기 위해 도면을 재생성할 수 있다.

[2] 윈도우

사용자가 지정하는 모든 도면 부분을 인쇄한다. 윈도우를 선택하면 윈도우 버튼을 사용할 수 있다. 윈도우 버튼을 클릭하여 좌표 입력 장치로 인쇄할 영역의 두 개 구석을 지정하거나 좌표값을 입력하여 인쇄 할 수 있다.

"윈도우 왼쪽 아래 좌표를 입력하시오 : 점을 지정한다.
윈도우 오른쪽 위 좌표를 입력하시오 : 점을 지정한다."

[3] 한계

모눈 한계로 정의된 도면 영역을 인쇄한다. 모형 탭을 선택한 경우에 사용할 수 있다.

[4] 화면 표시

플롯을 위해 선택한 탭에 따라 모형 탭의 현재 뷰포트의 뷰 또는 배치의 현재 뷰를 플롯한다.

플롯(인쇄) 간격 띄우기

플롯 간격띄우기 기준 지정 옵션(옵션 대화상자, 플롯 및 게시 탭)에서 지정한 설정에 따라, 인쇄 가능 영역의 왼쪽 아래 구석 또는 용지의 모서리를 기준으로 플롯 영역의 간격띄우기를 지정한다. 플롯 대화상자의 플롯 간격띄우기 영역에는 지정된 플롯 간격띄우기 옵션이 괄호 안에 표시된다. 도면 시트의 인쇄 가능 영역은 선택한 출력 장치에 의해 정의되고 배치에서 파선으로 표현되며, 다른 출력 장치로 변경할 때 인쇄 가능 영역이 바뀔 수 있다.

- X 및 Y 간격띄우기 상자에 양수 또는 음수 값을 입력하여 도면에 있는 형상을 간격띄우기를 할 수 있다. 플로터 단위 값은 용지에서 인치 또는 밀리미터이다.
- 플롯의 중심
  용지 중앙에 플롯을 배치하기 위한 X 및 Y 간격띄우기 값을 자동으로 계산하여 적용한다. 플롯 영역이 배치로 설정되어 있을 때는 이 옵션을 사용할 수 없다.

CHAPTER 7

실습 예제 도면

\- 예제 도면

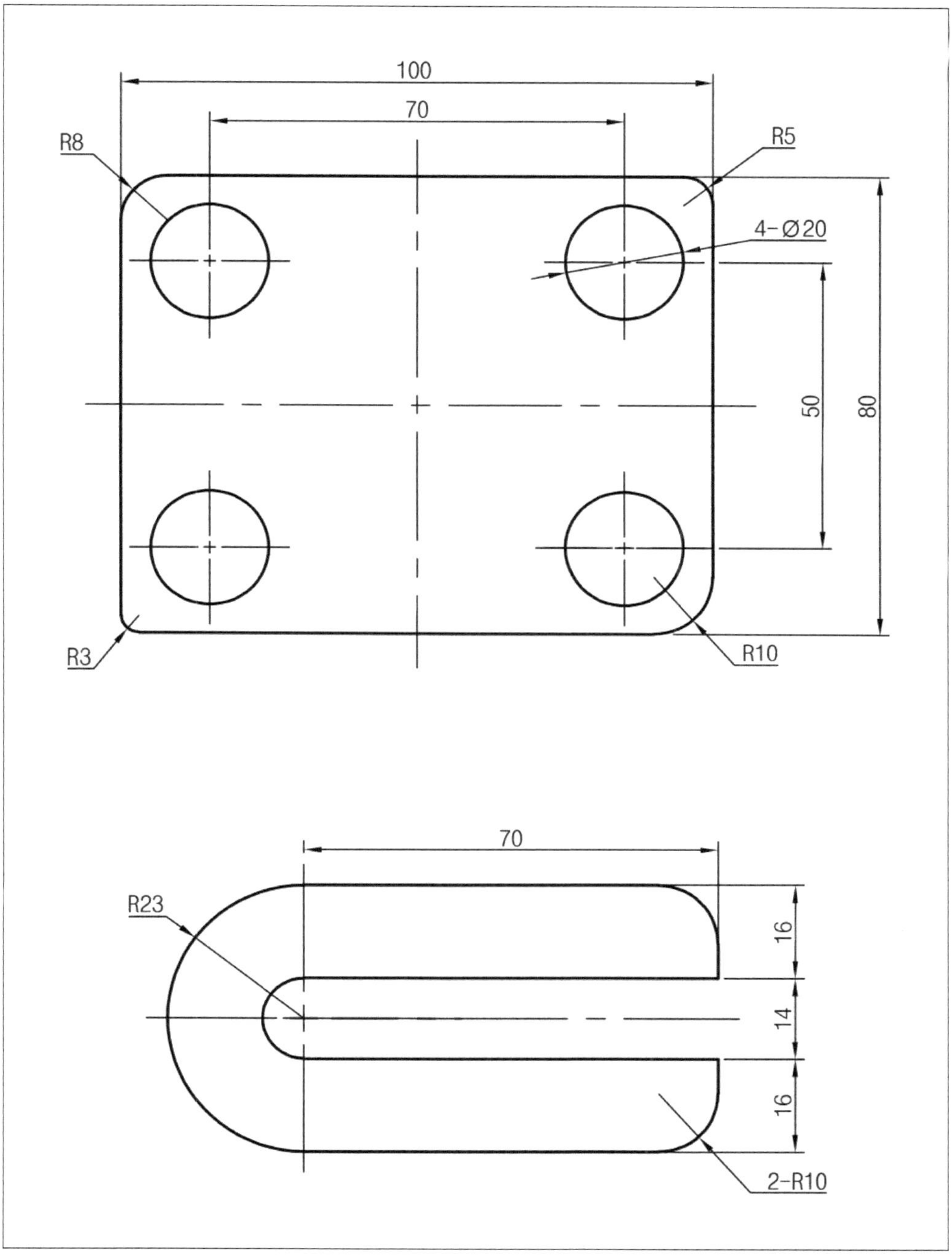

– 예제 도면

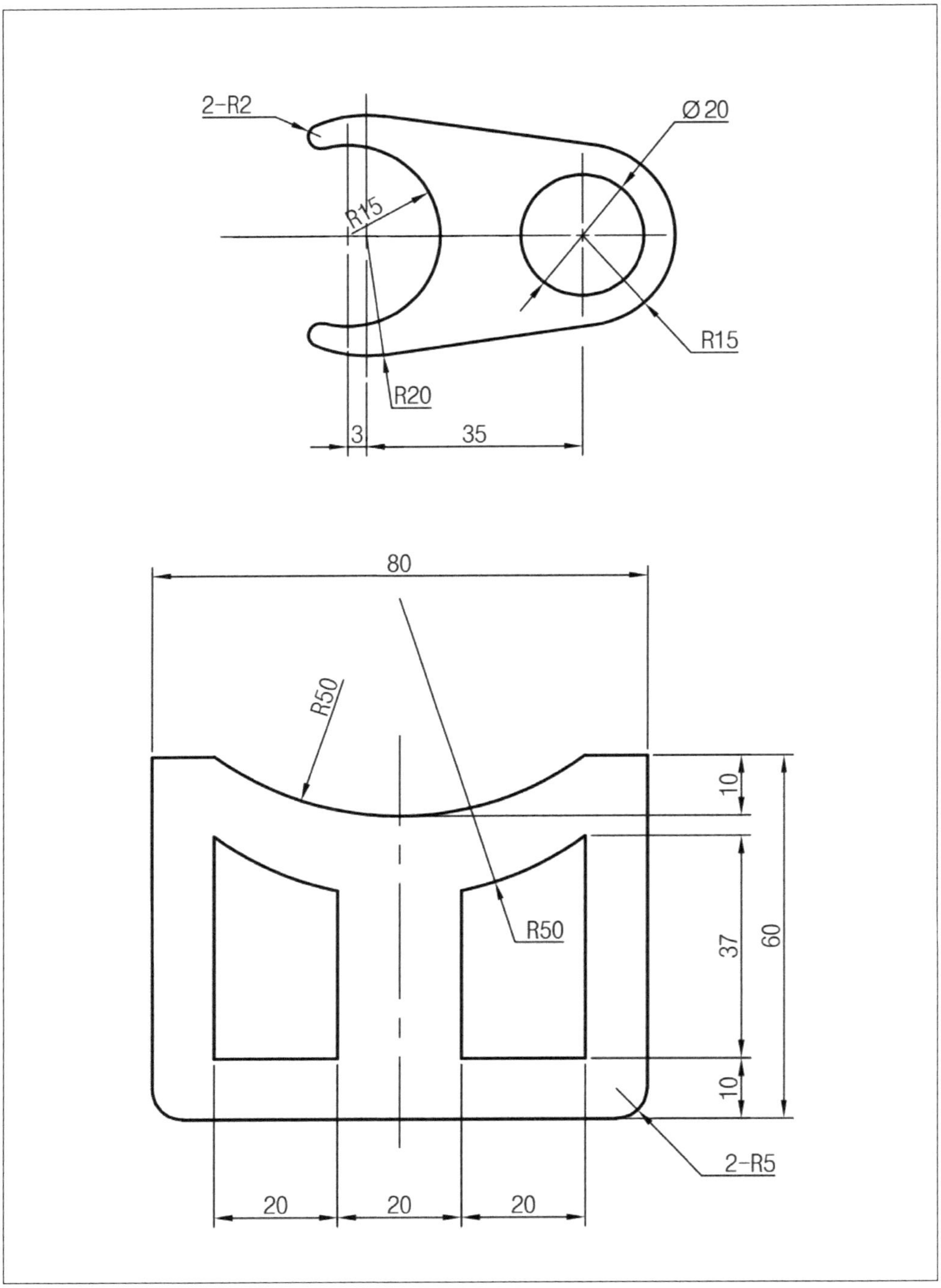

– 예제 도면

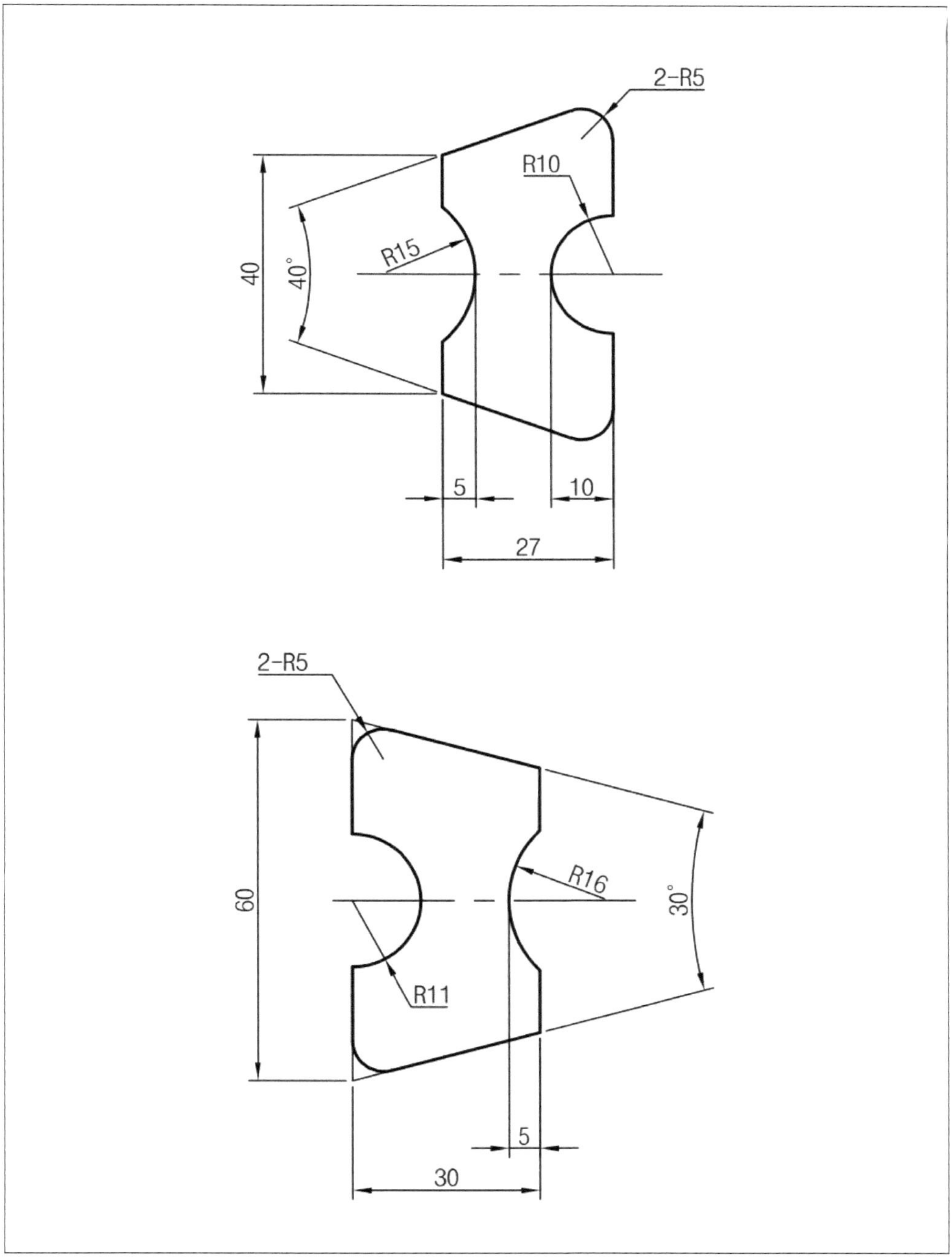

– 예제 도면

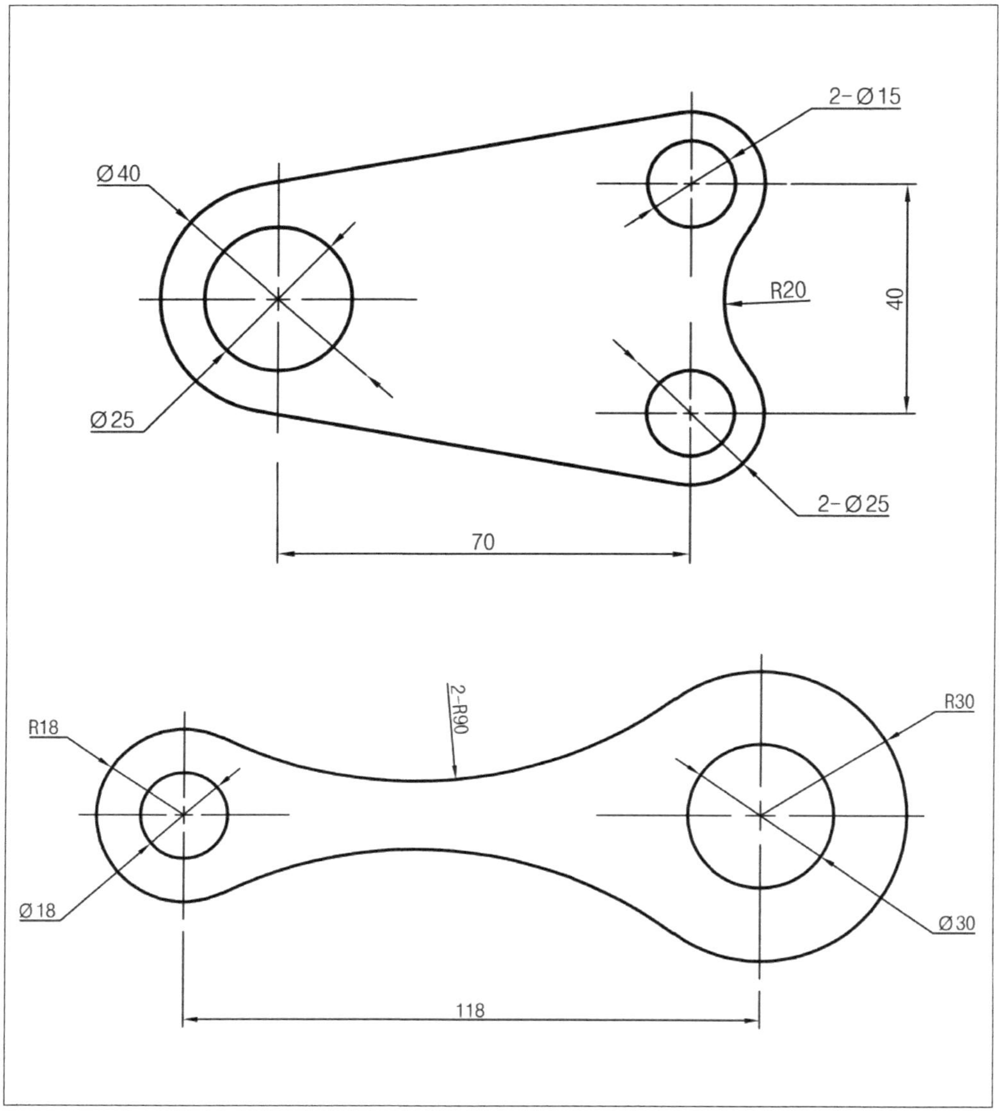

– 예제 도면

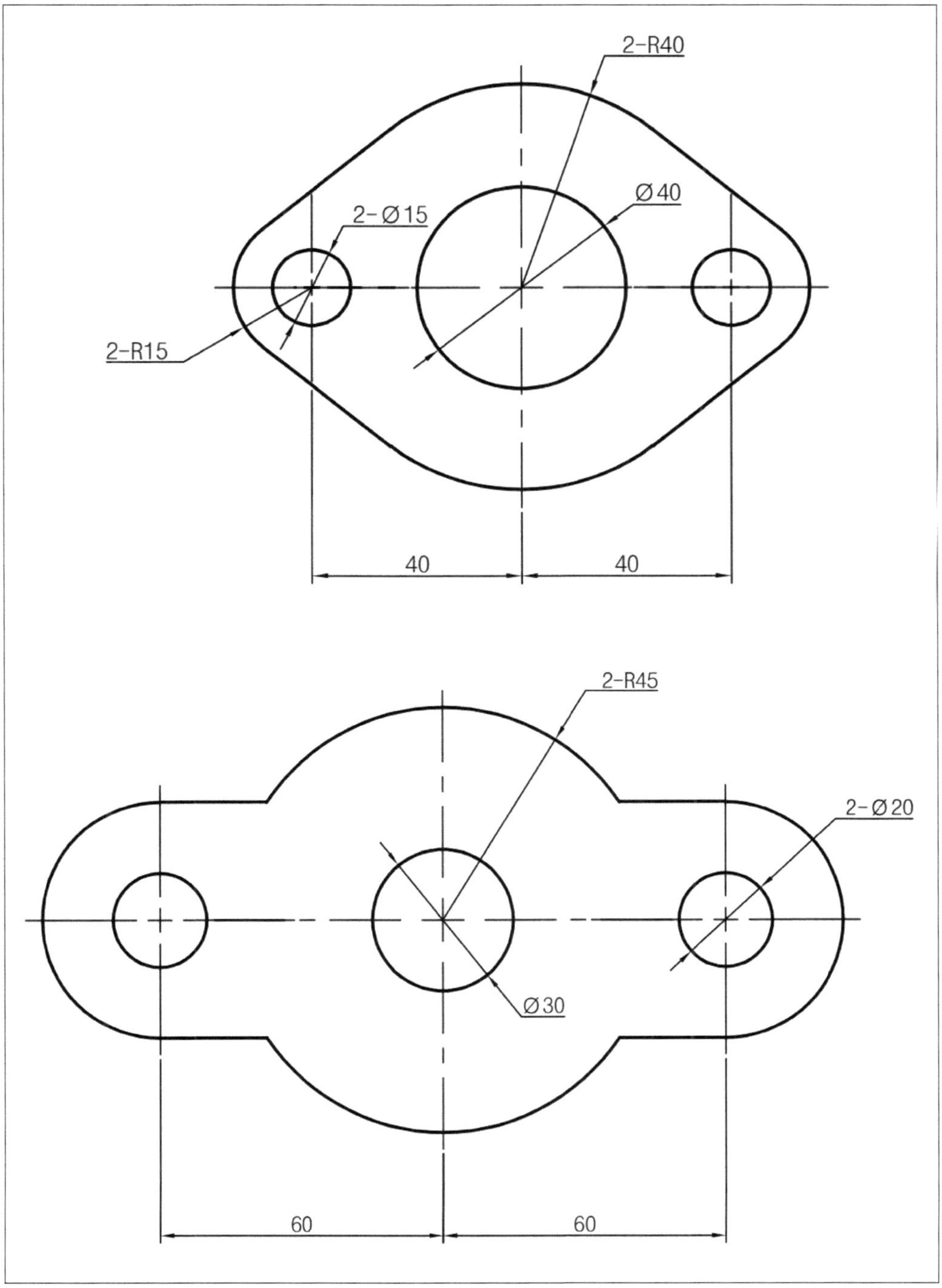

– 예제 도면

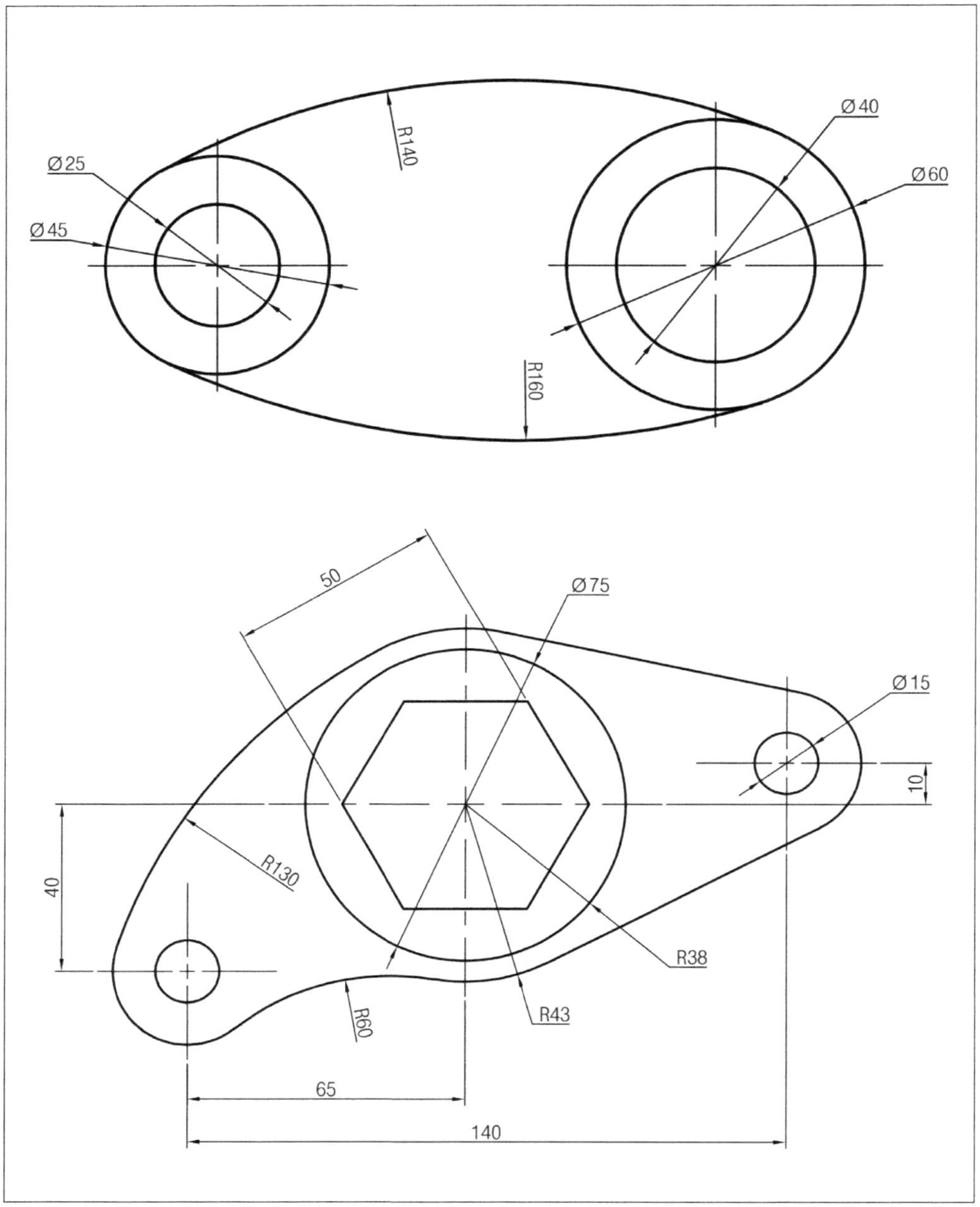
Ø25
Ø45
R140
Ø40
Ø60
R160
50
Ø75
Ø15
10
40
R130
R38
R43
R60
65
140

– 예제 도면

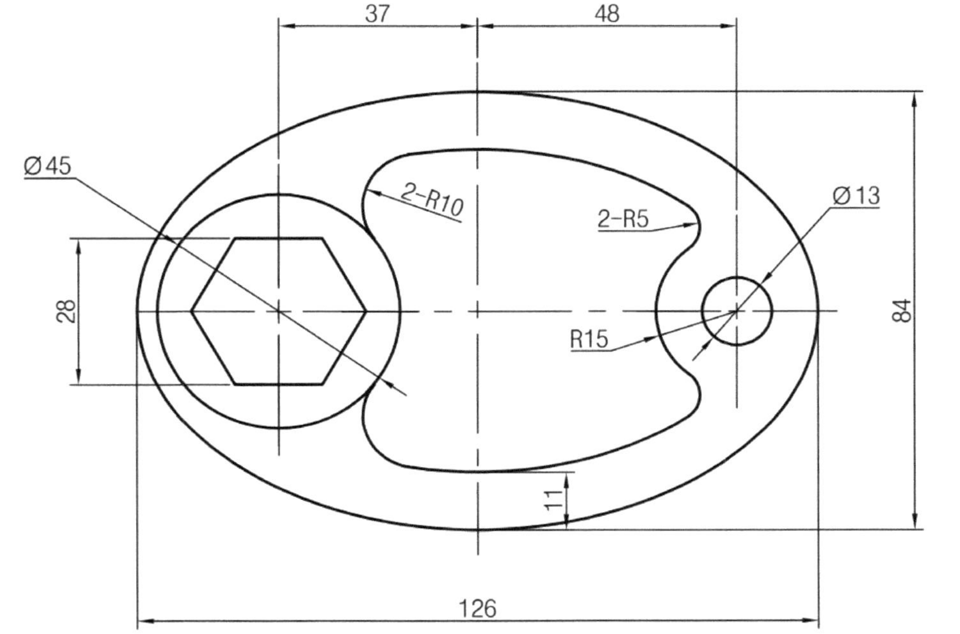
37
48
Ø45
2-R10
2-R5
Ø13
28
R15
84
11
126

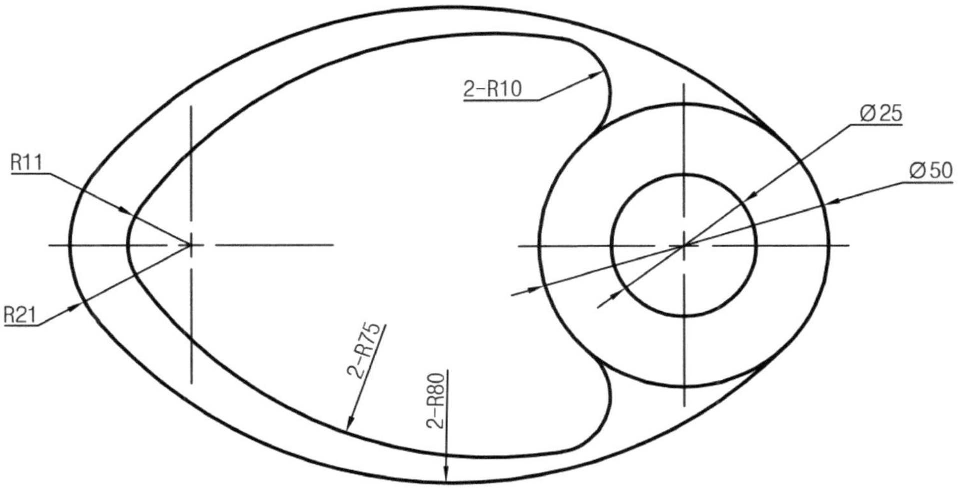
2-R10
Ø25
R11
Ø50
R21
2-R75
2-R80

– 예제 도면

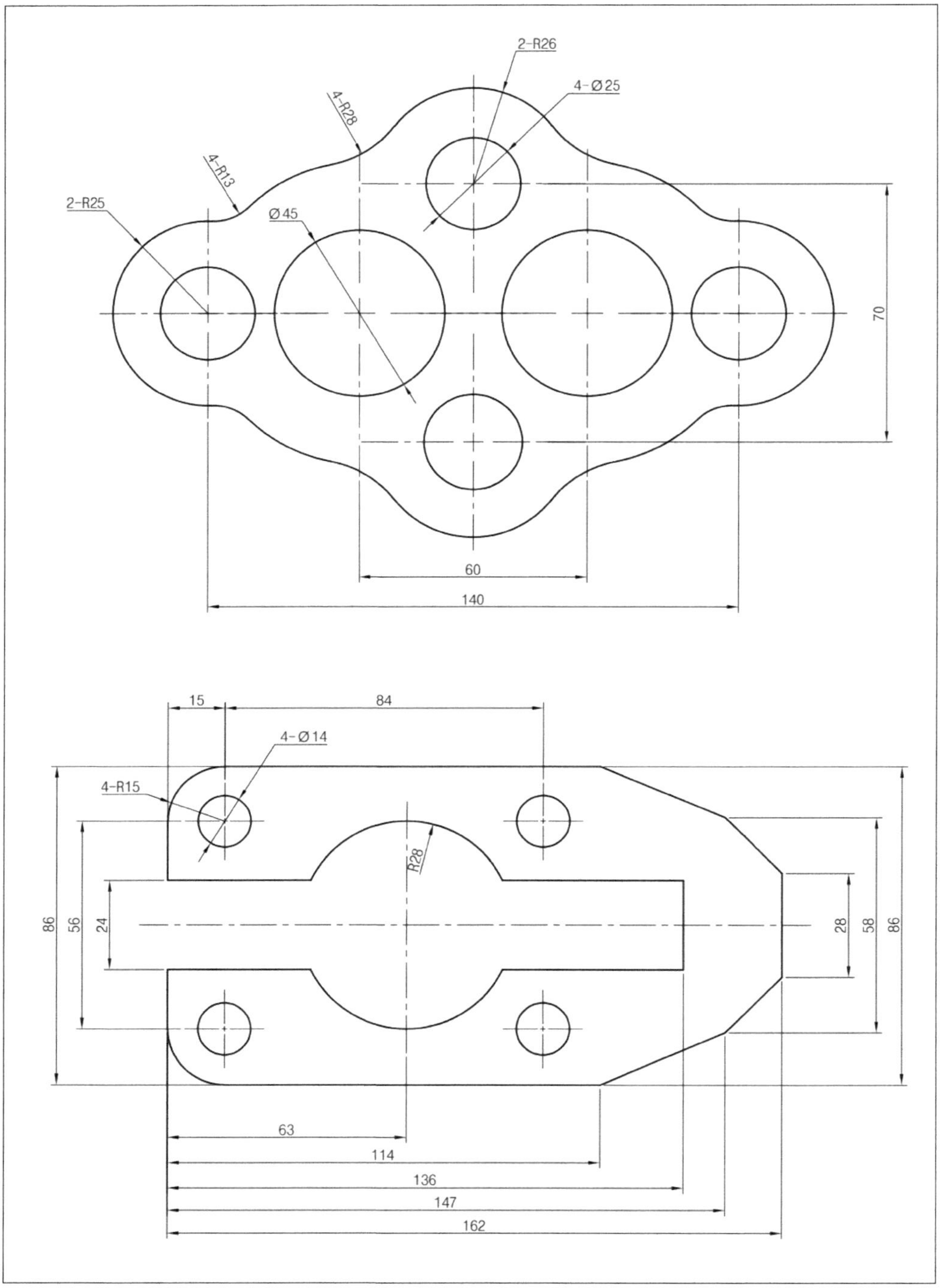

2-R26
4-Ø25
4-R28
4-R13
2-R25
Ø45
70
60
140
15
84
4-Ø14
4-R15
R28
86
56
24
28
58
86
63
114
136
147
162

– 예제 도면

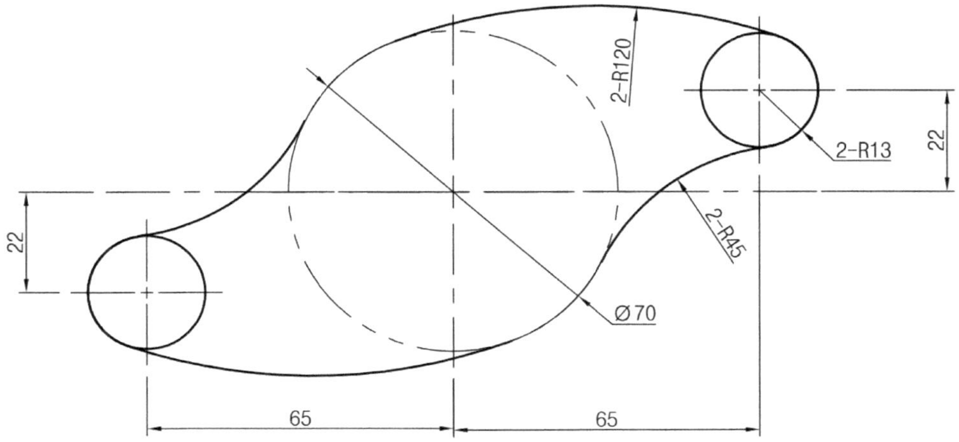
2-R120
2-R13
22
2-R45
22
Ø70
65
65

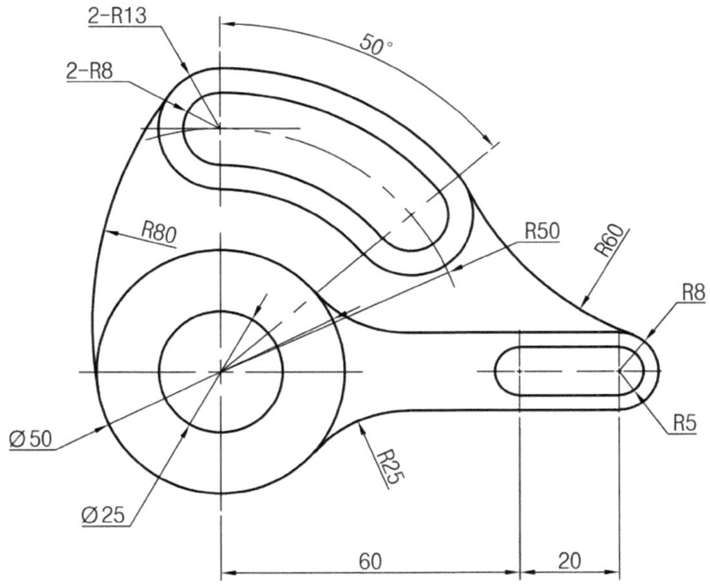
2-R13
50°
2-R8
R80
R50
R60
R8
Ø50
R5
R25
Ø25
60
20

– 예제 도면

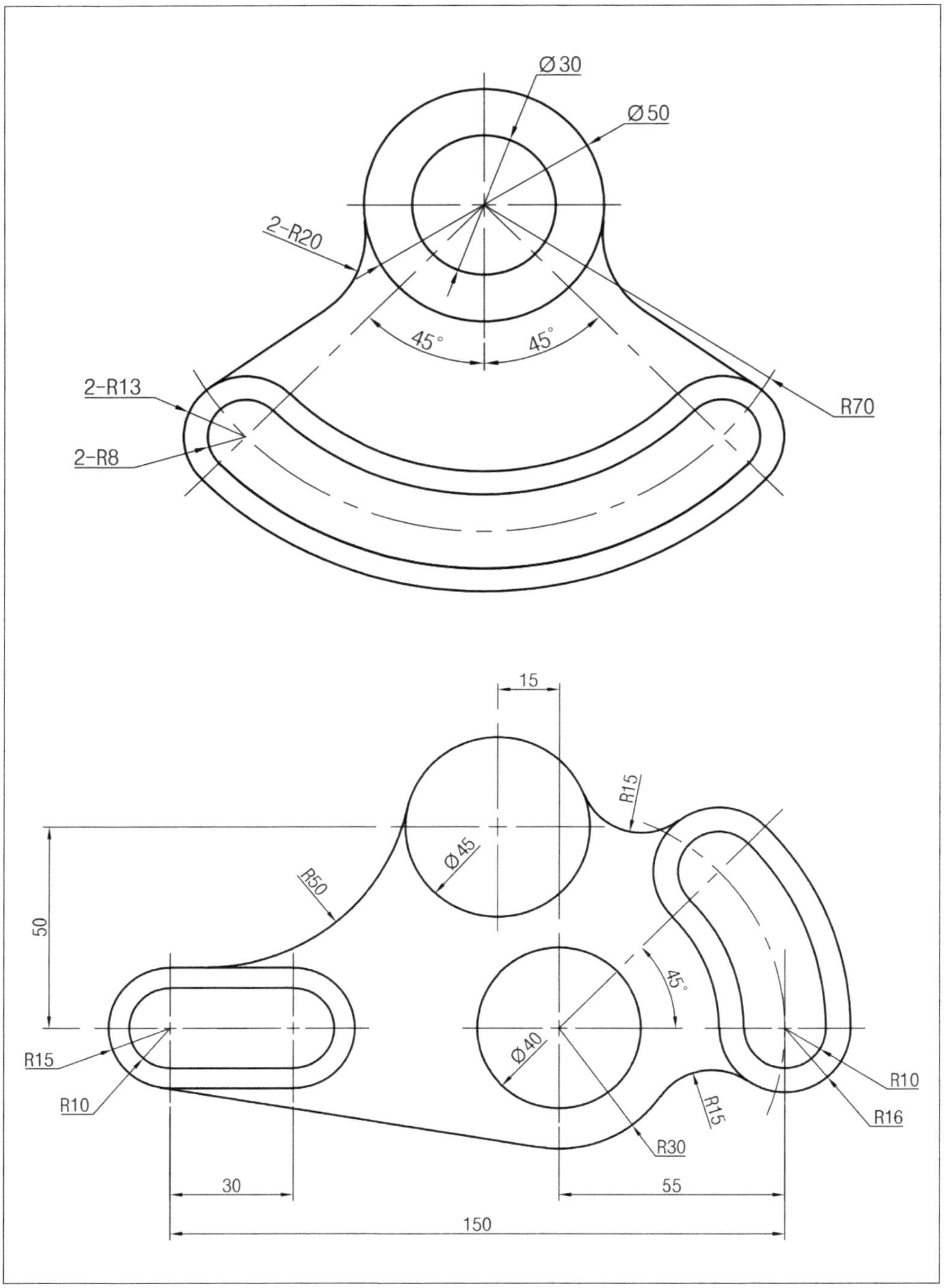
Ø30
Ø50
2-R20
45°
45°
2-R13
2-R8
R70
15
R15
Ø45
R50
50
45°
Ø40
R15
R10
R10
R16
R15
R30
30
55
150

– 예제 도면

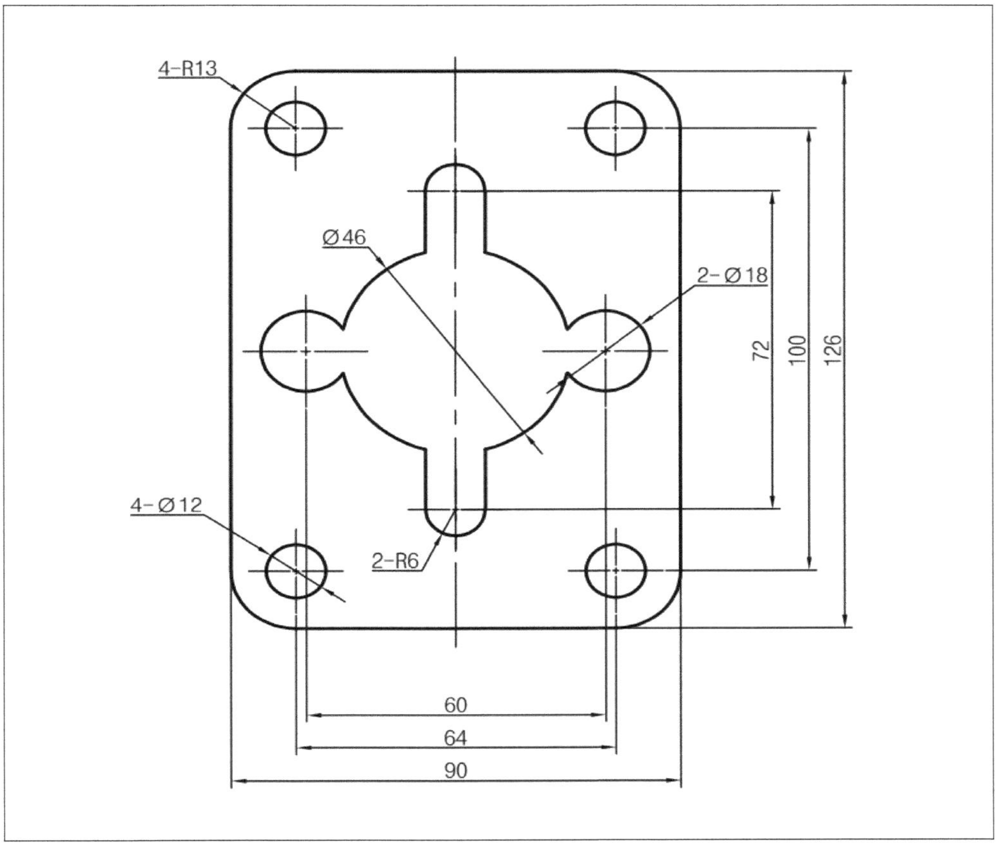

– 예제 도면

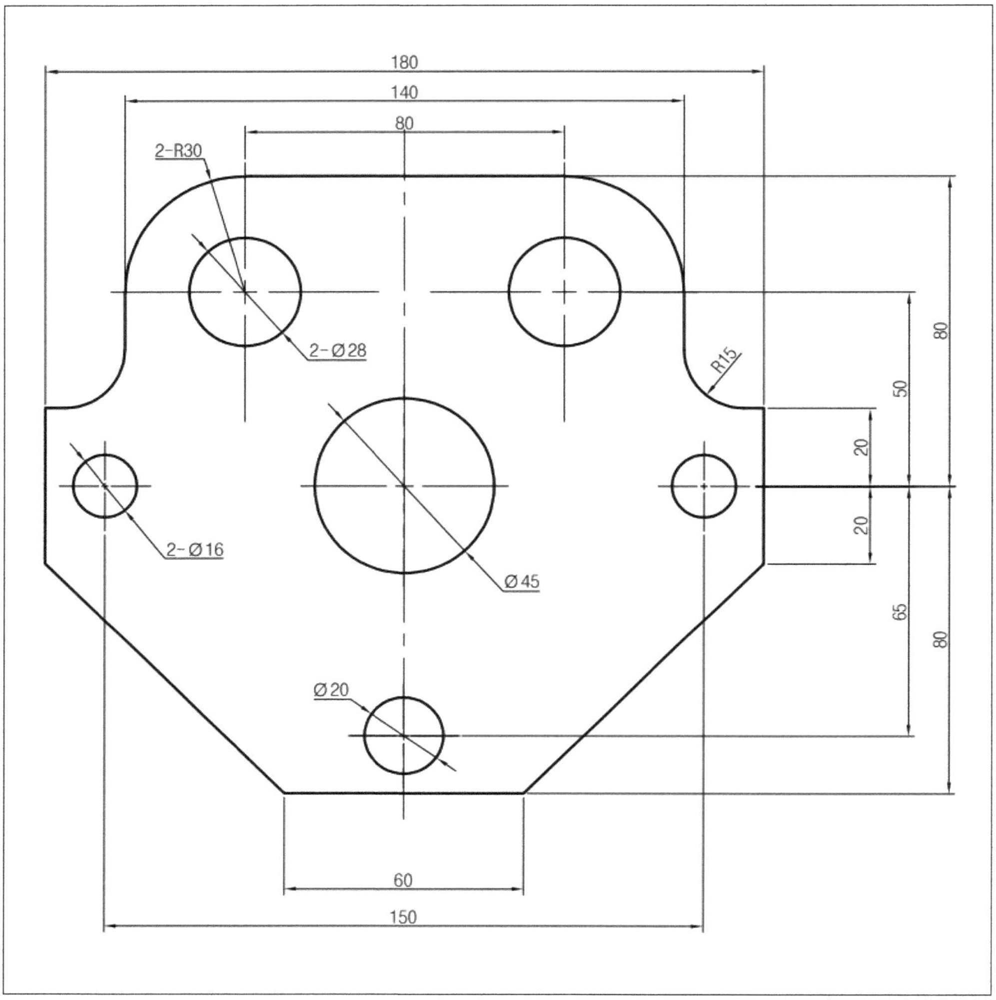

– 예제 도면

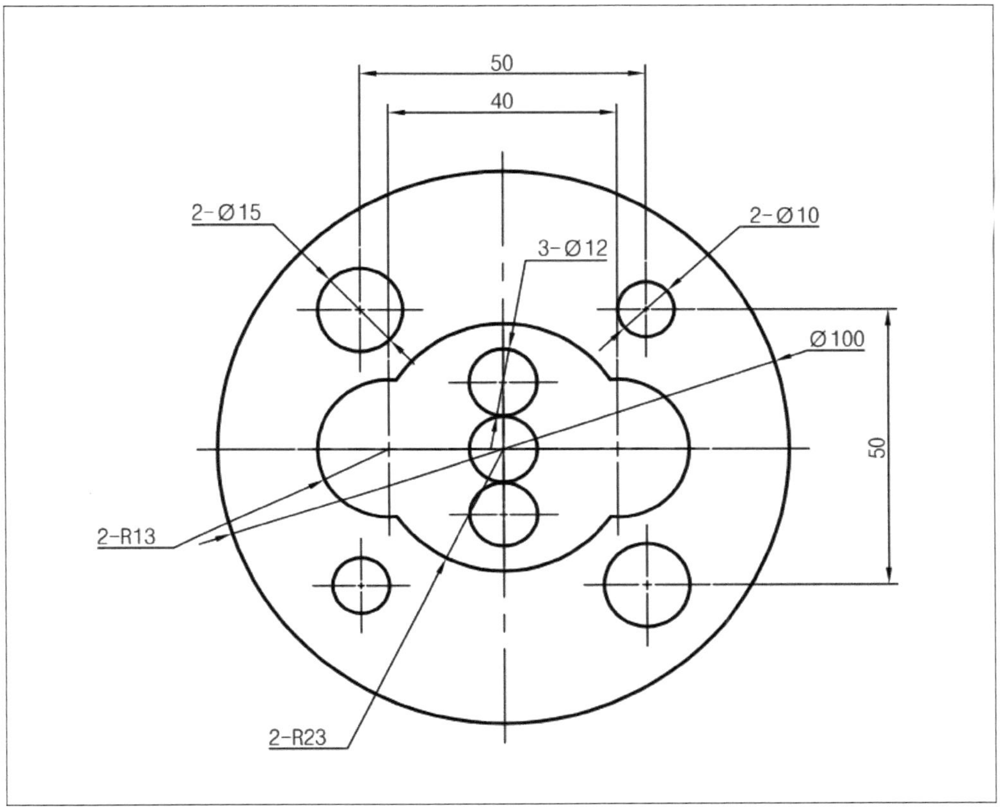

– 예제 도면

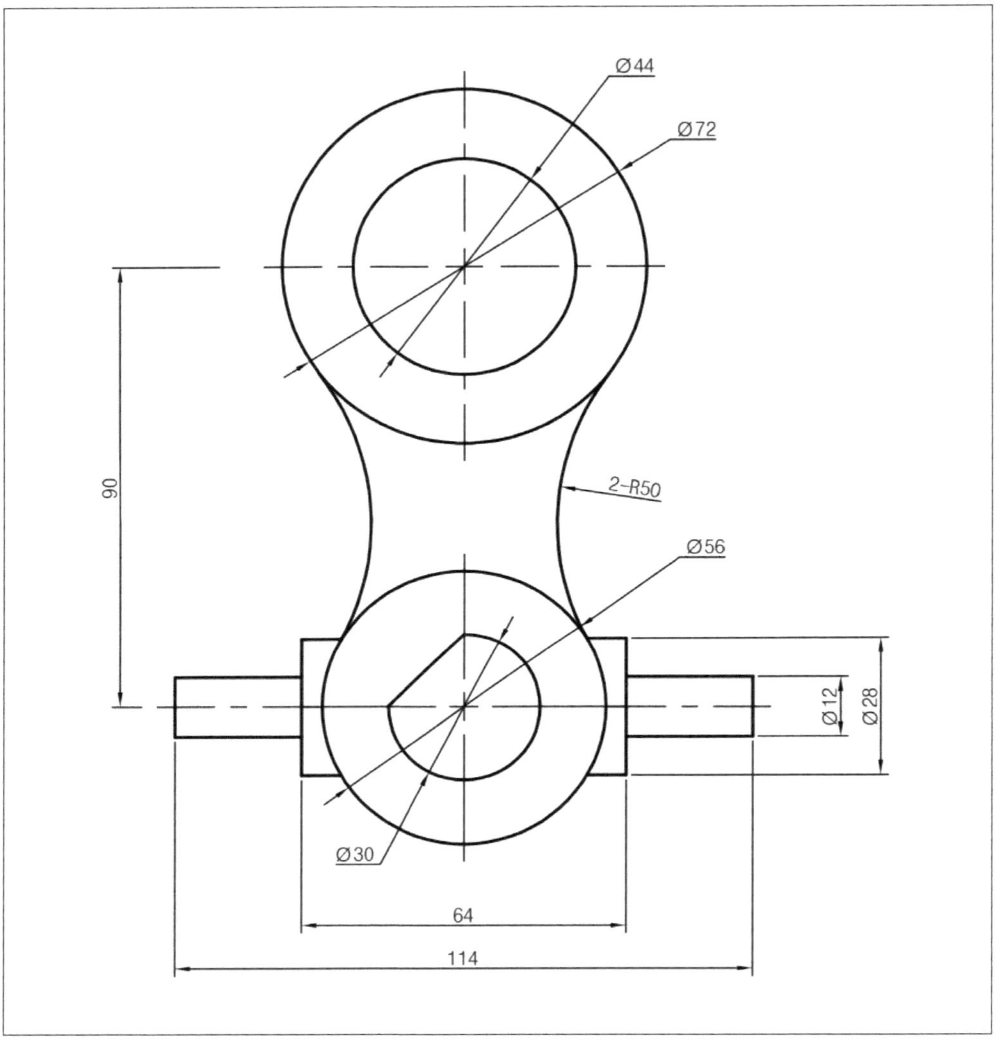

– 예제 도면

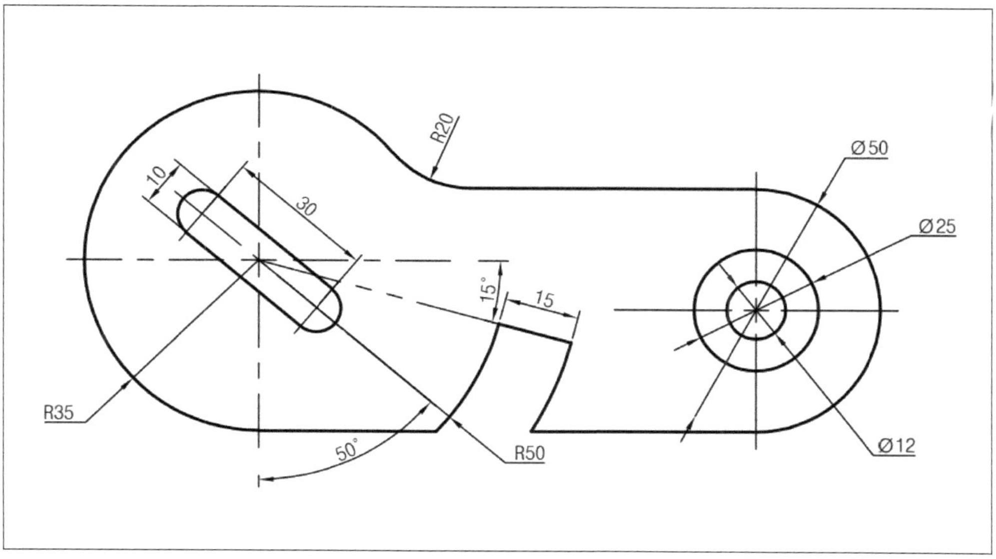

– 예제 도면

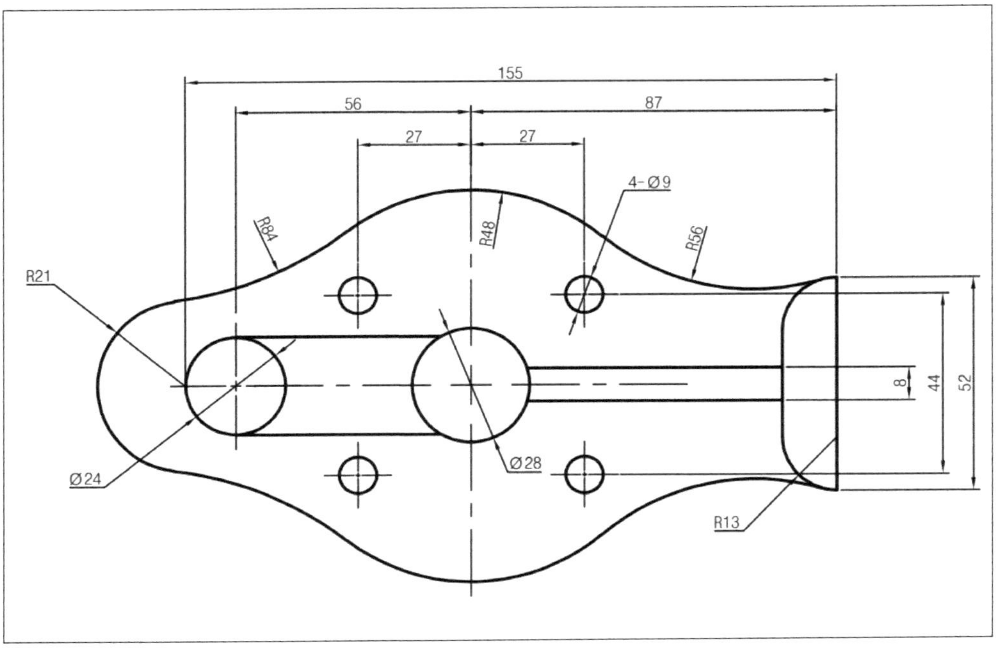

– 예제 도면

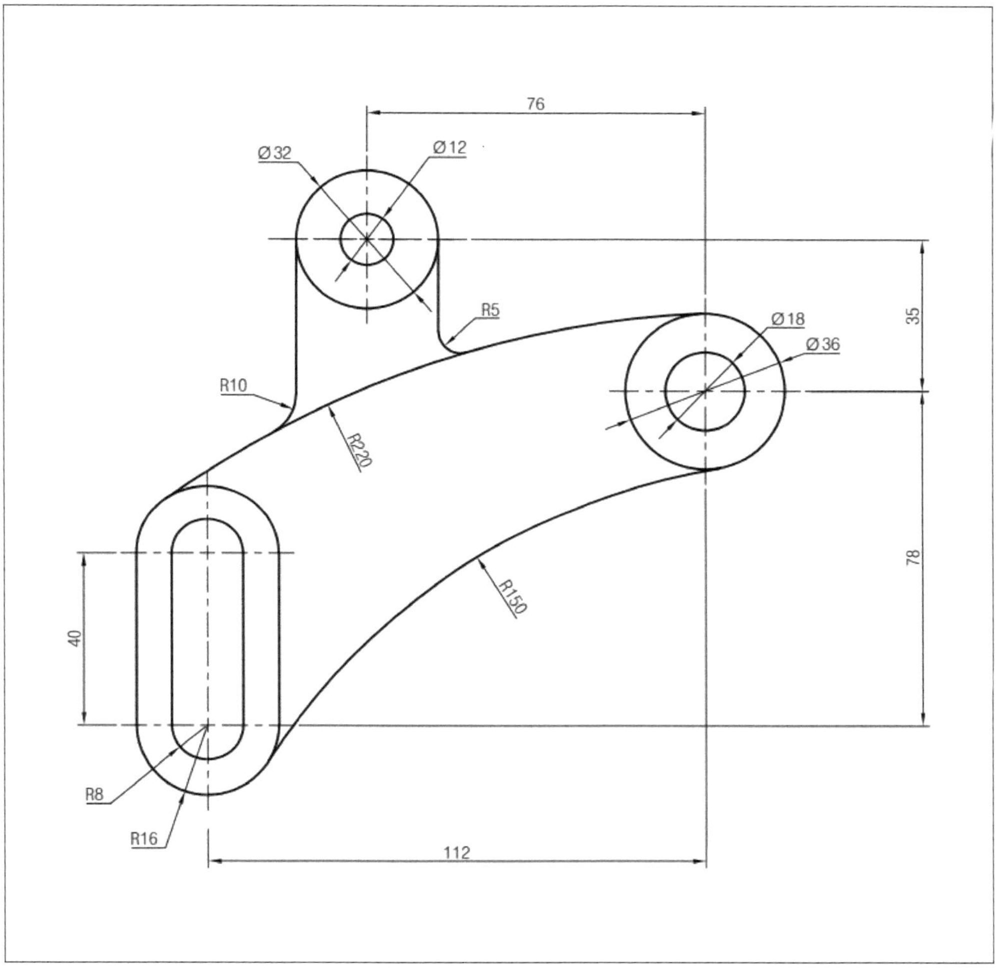

– 예제 도면

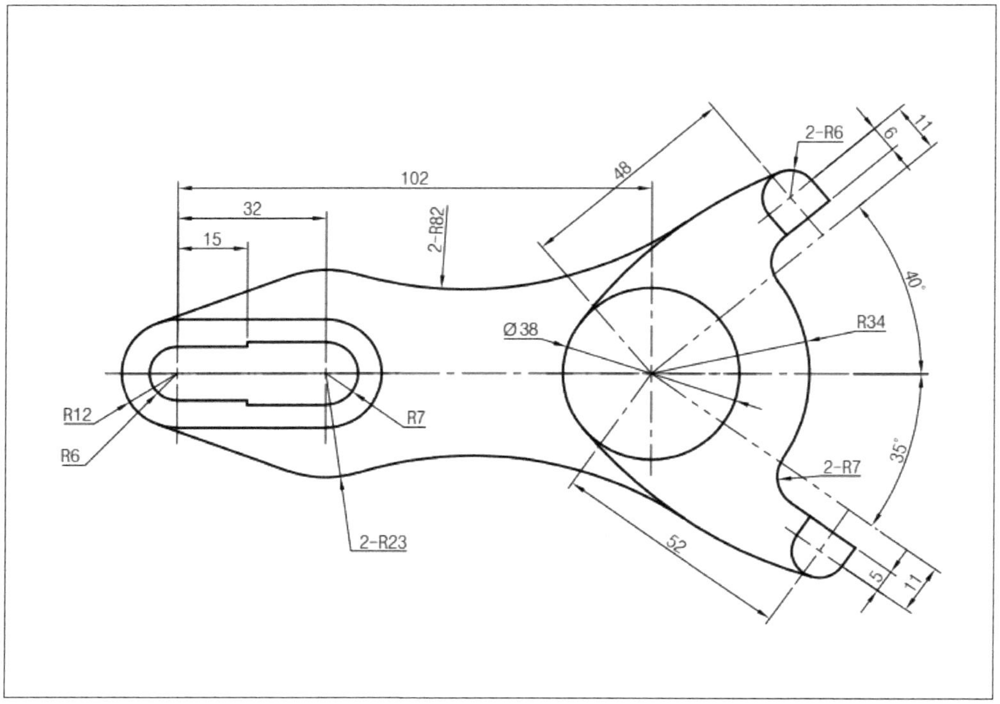

– 예제 도면

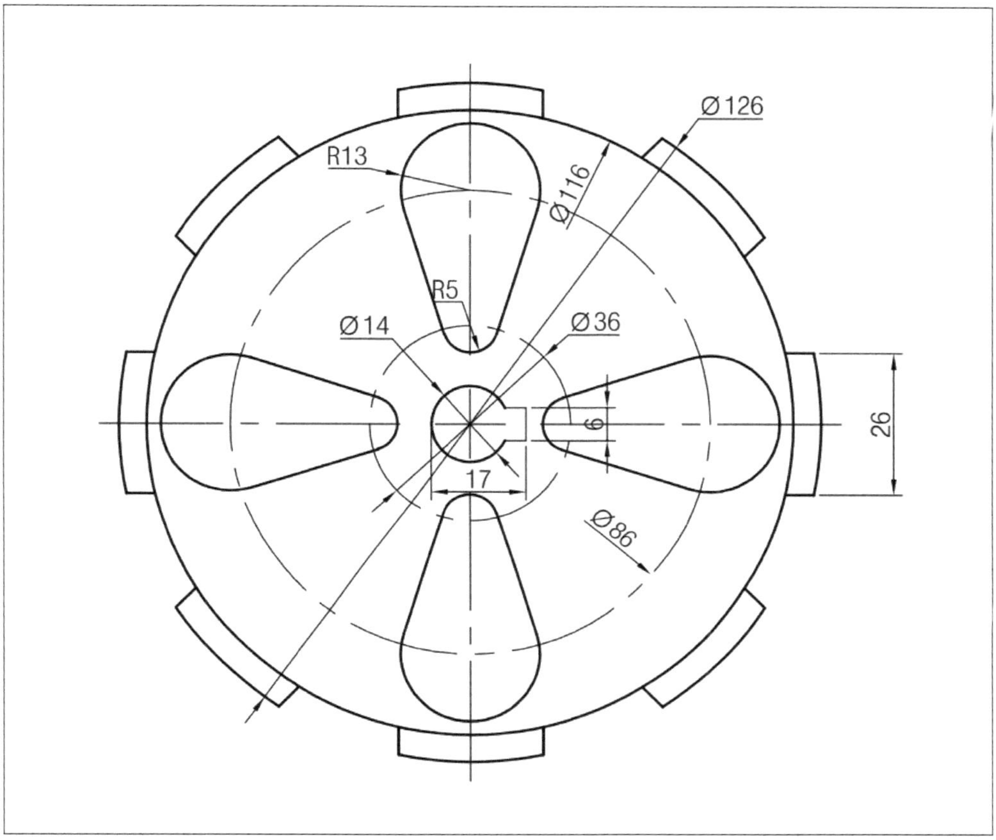

– 예제 도면

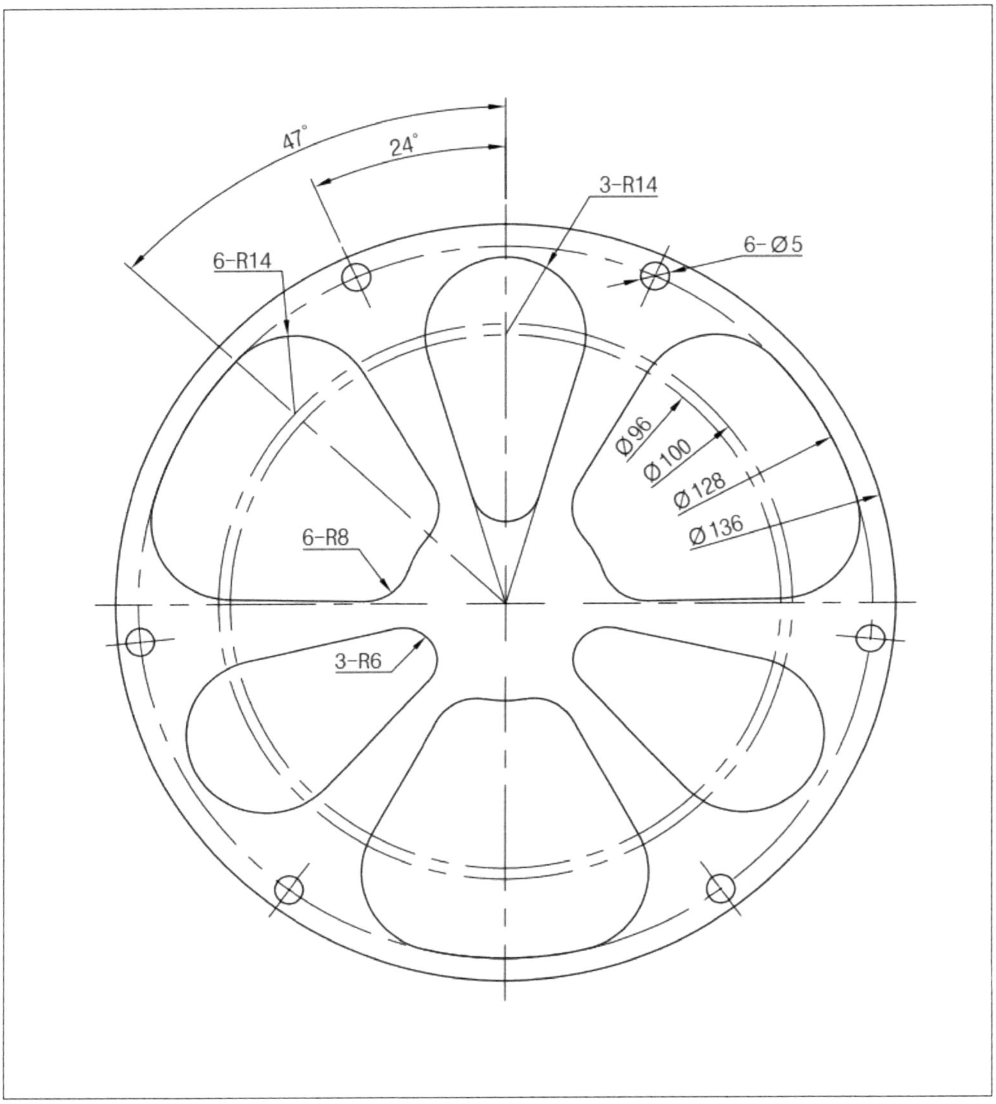

– 예제 도면

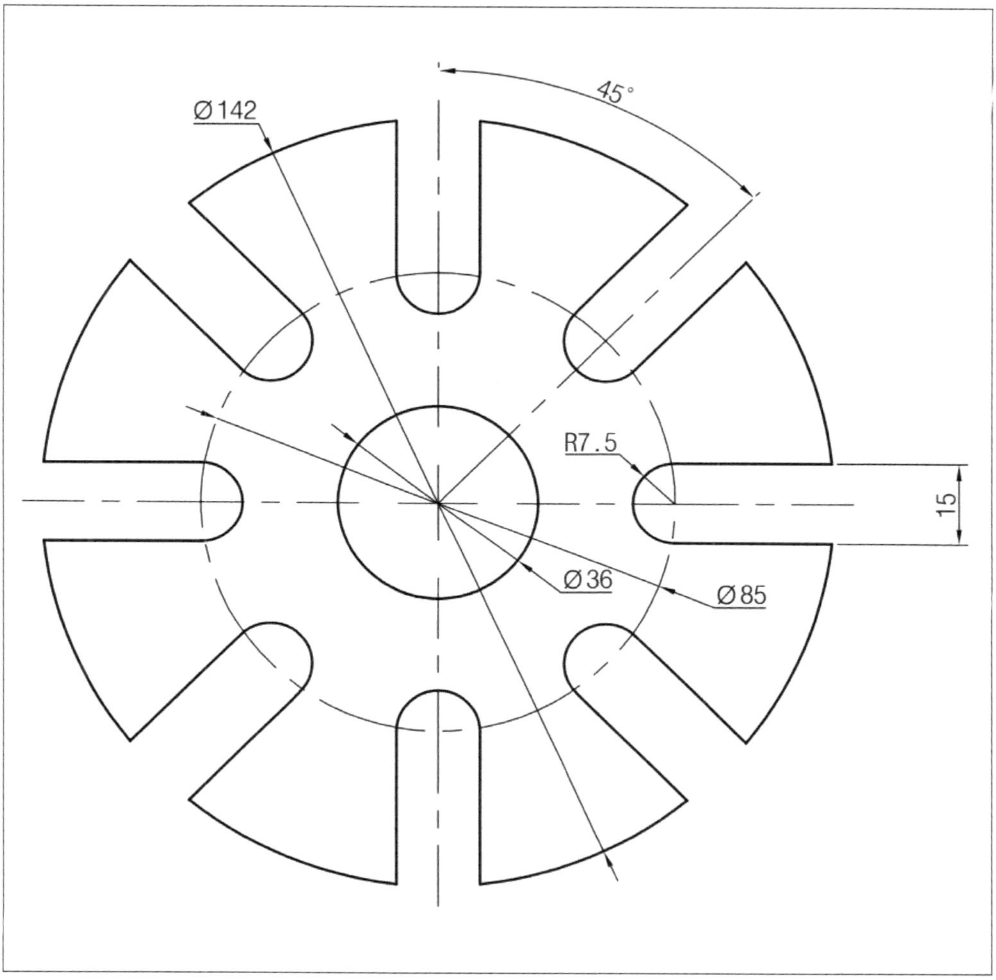

– 예제 도면

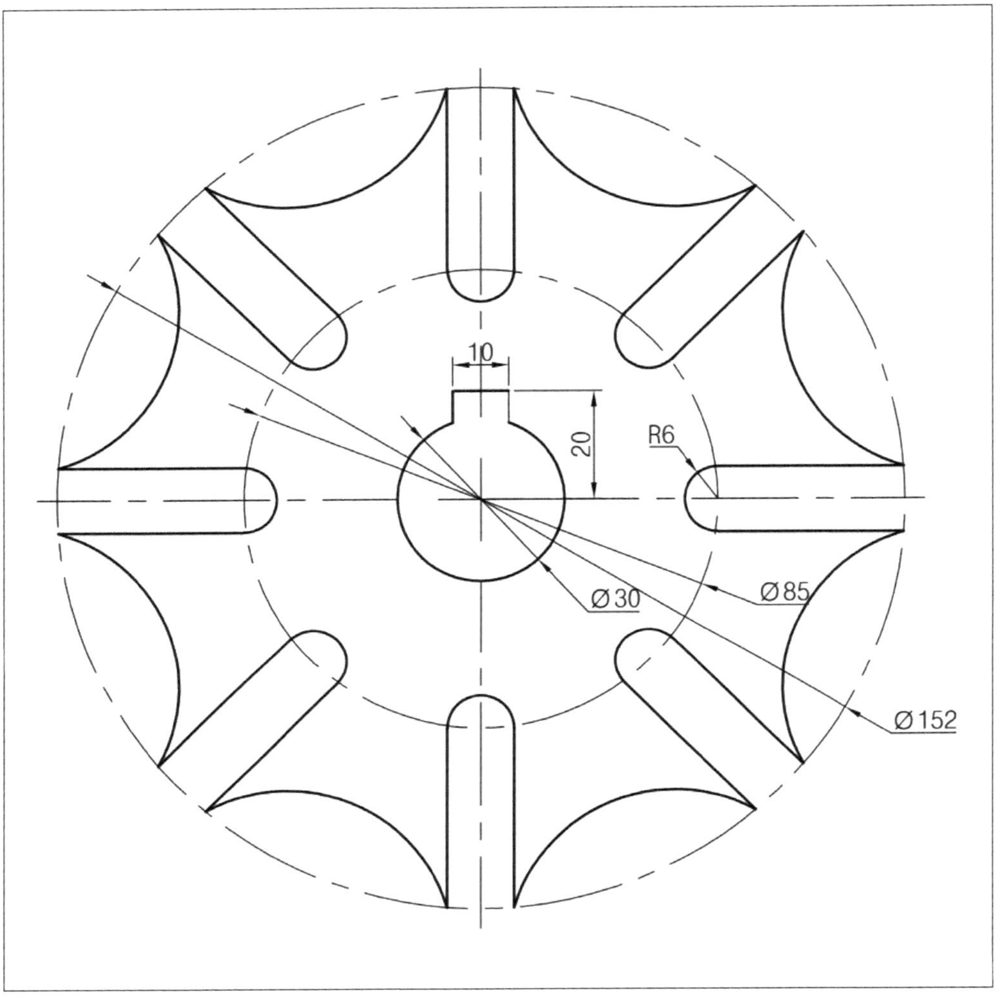

– 예제 도면

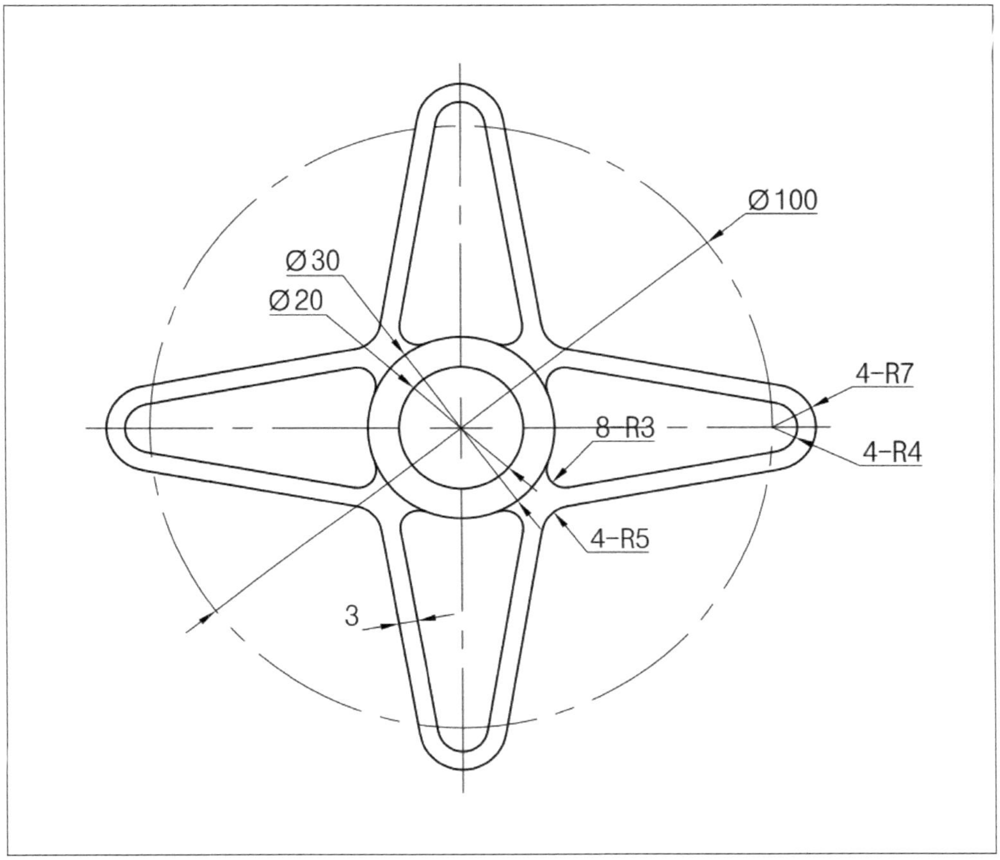

– 예제 도면

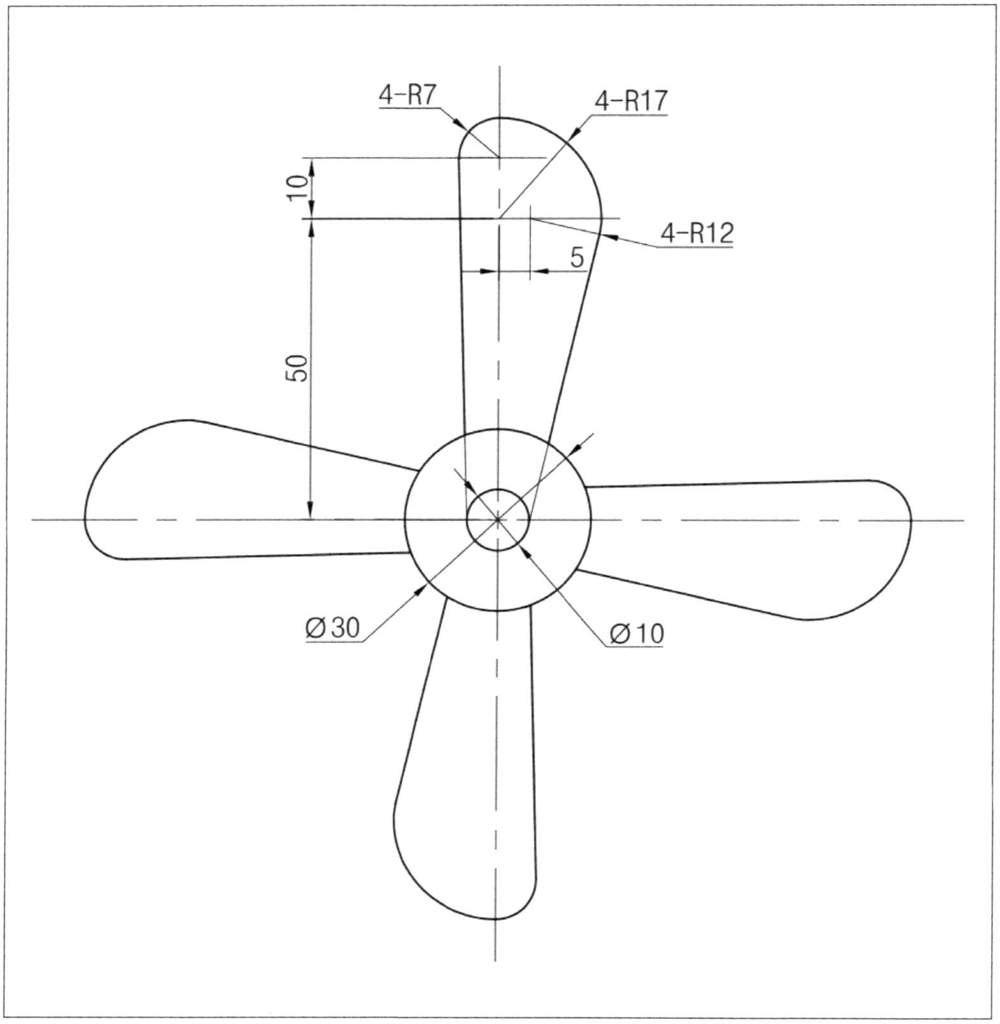

– 예제 도면

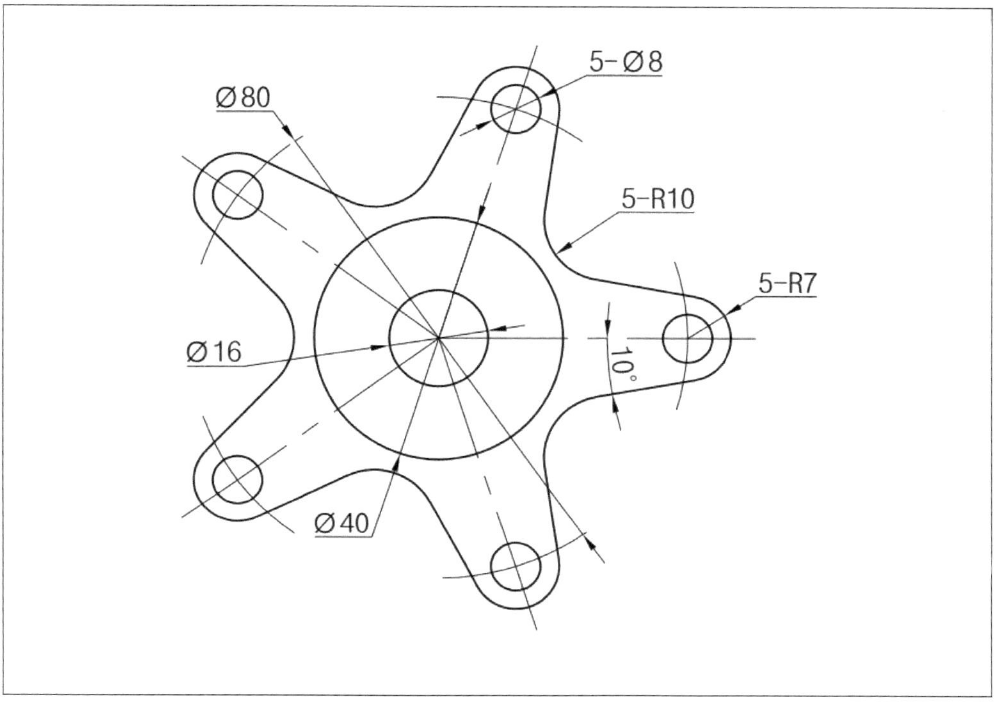

– 예제 도면

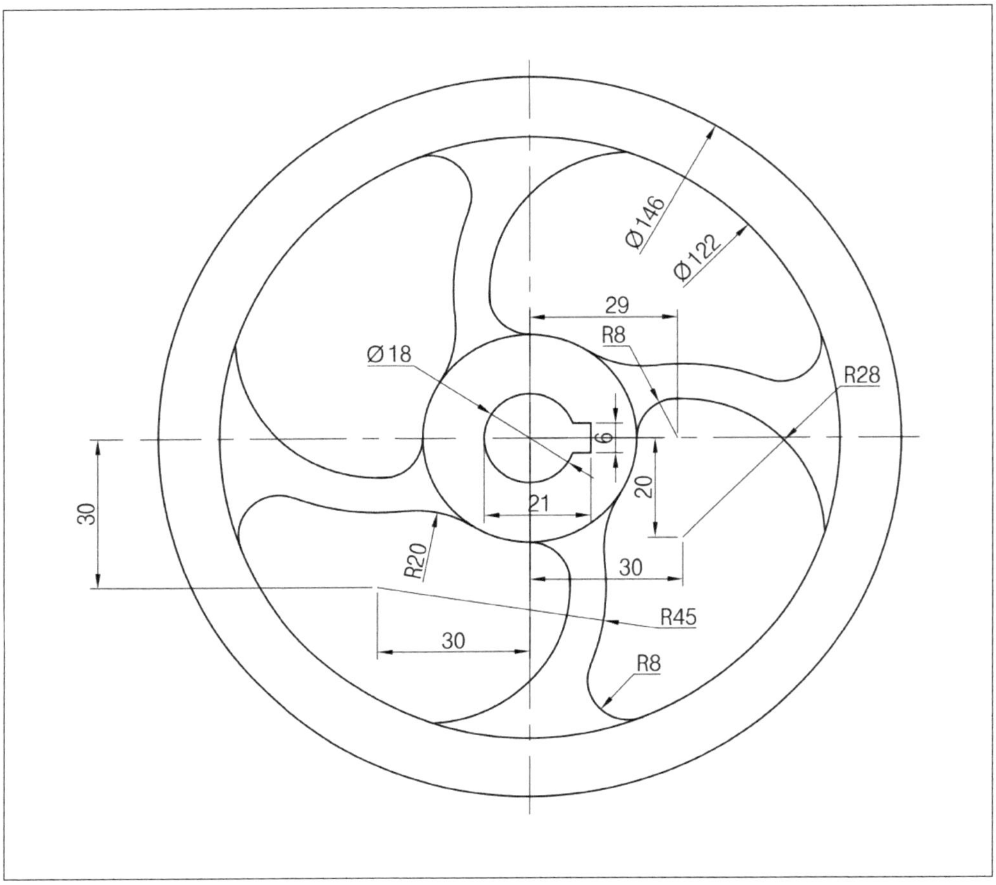

– 세로 도면 양식(A4)

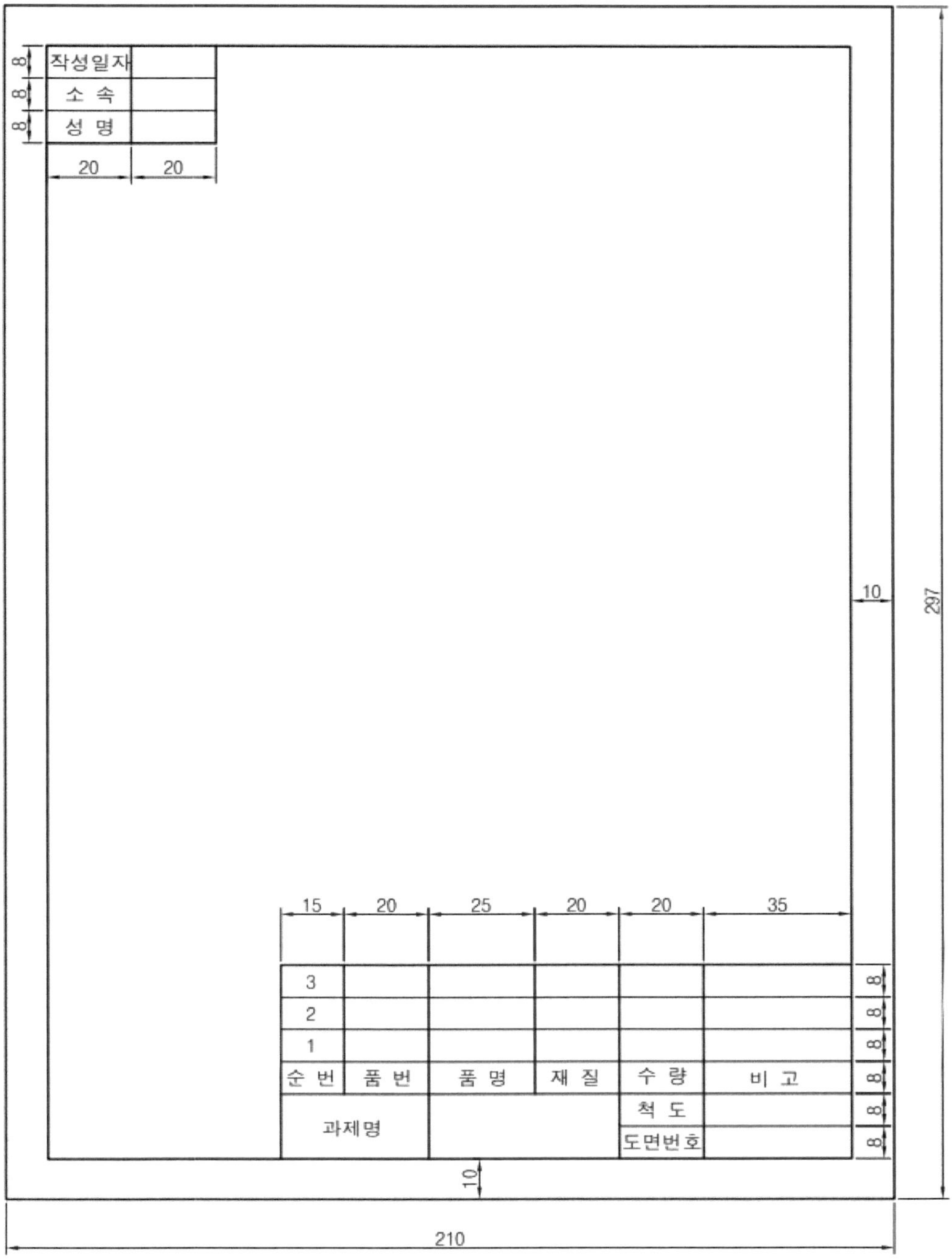
작성일자
소 속
성 명
8
8
8
20
20
15
20
25
20
20
35
3
2
1
순 번
품 번
품 명
재 질
수 량
비 고
과제명
척 도
도면번호
10
10
297
210

– 가로 도면 양식(A4 & A3)

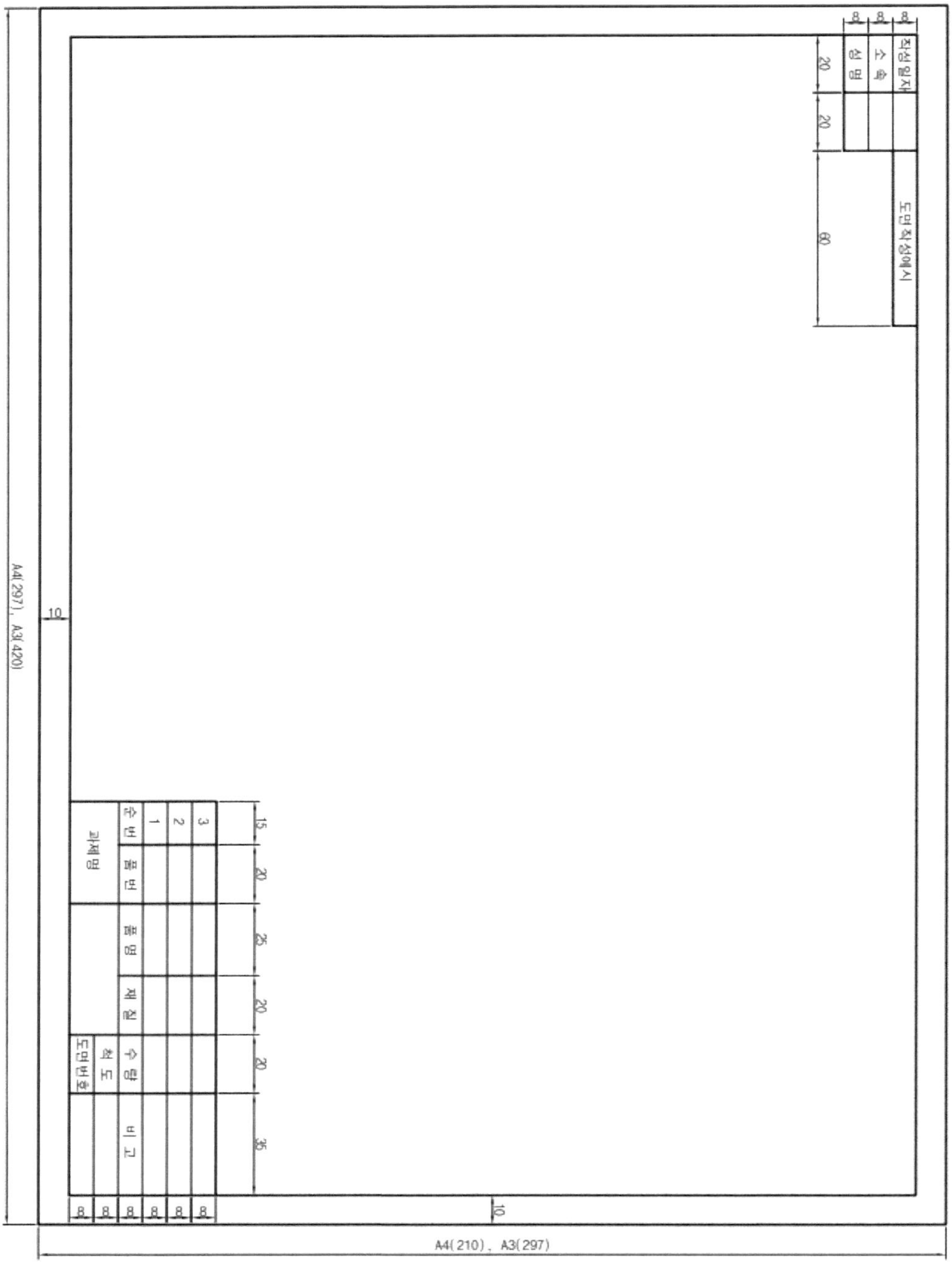
작성일자
소 속
성 명
도면작성예시
과제명
순 번
품 번
품 명
재 질
수 량
비 고
척 도
도면번호
A4(297), A3(420)
A4(210), A3(297)

– 3편 슬라이더 조립도

작성일자	
소 속	
성 명	

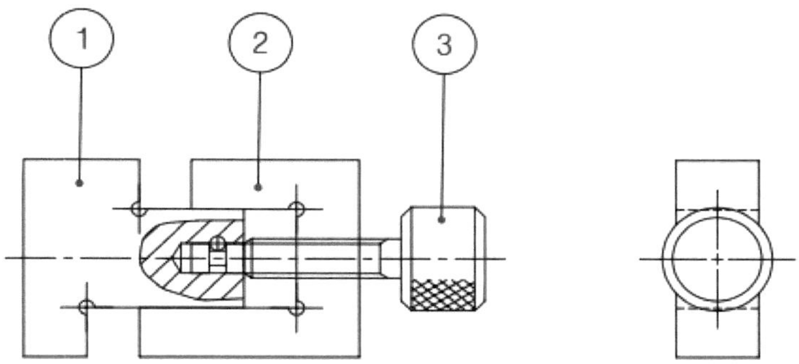

순 번	품 번	품 명	재 질	수 량	비 고
3	3S1003	HANDLE	-	1	
2	3S1002	BODY-B	-	1	
1	3S1001	BODY-A	-	1	
과제명	3편 슬라이더			척 도	1 : 1
				도면번호	3S1000

– 3편 슬라이더 부품도(1)

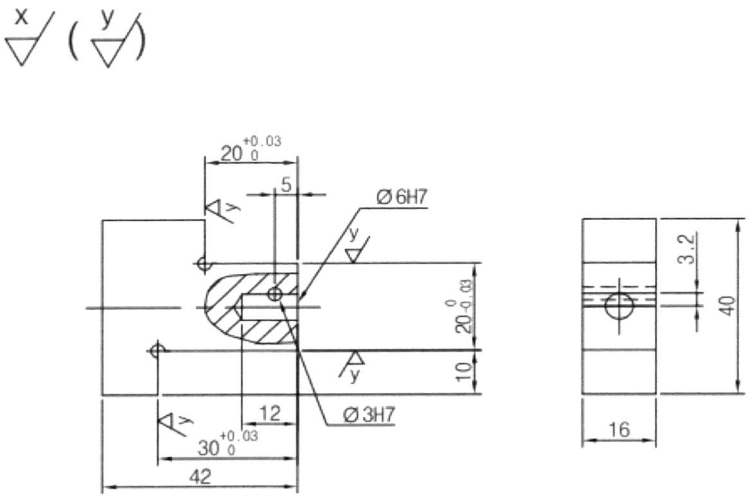

과제명	BODY-A	척 도	1 : 1
		도면번호	3S1001

- 3편 슬라이더 부품도(2)

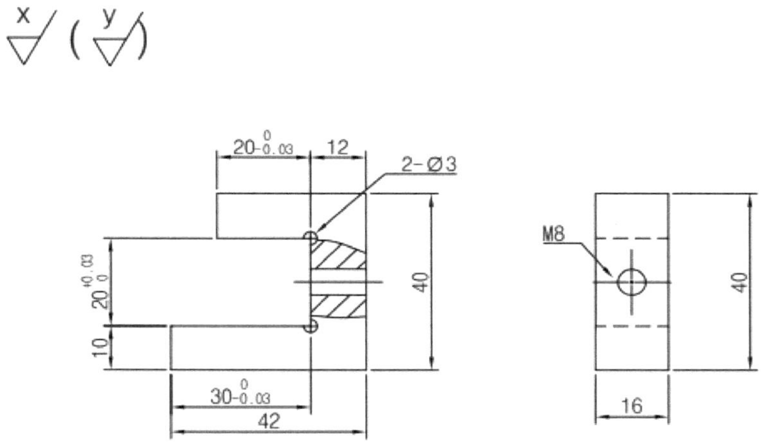

과제명	BODY-B	척 도	1 : 1
		도면번호	3S1002

– 3편 슬라이더 부품도(3)

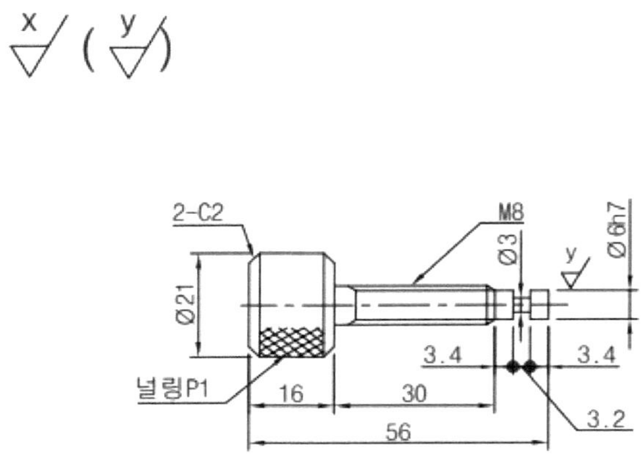

과제명	HANDLE	척 도	1 : 1
		도면번호	3S1003

– 4편 슬라이더 조립도

작성일자	
소 속	
성 명	

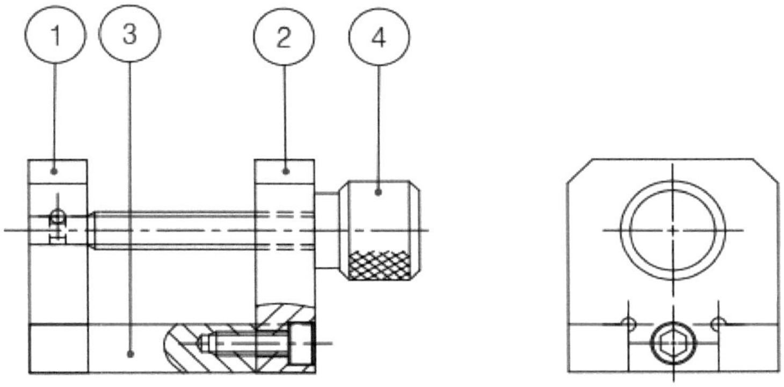

4	4S1004	HANDLE	–	1	
3	4S1003	BODY-C	–	1	
2	4S1002	BODY-B	–	1	
1	4S1001	BODY-A	–	1	
순 번	품 번	품 명	재 질	수 량	비 고
과제명		4편 슬라이더		척 도	1 : 1
				도면번호	4S1000

–4편 슬라이더 부품도(1)

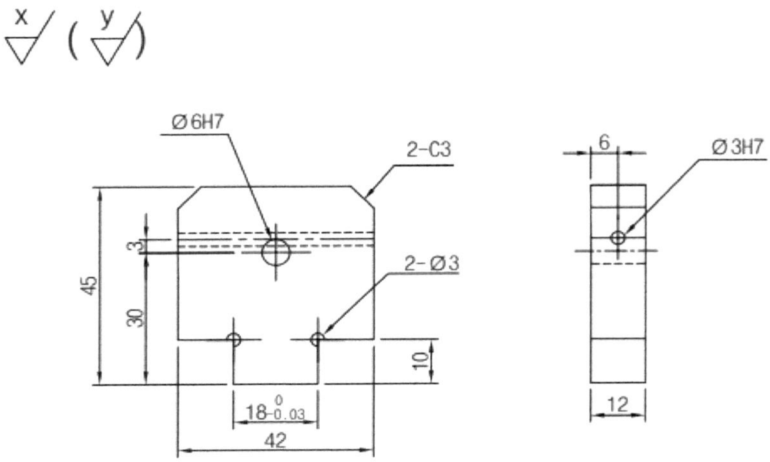

과제명	BODY-A	척 도	1 : 1
		도면번호	4S1001

- 4편 슬라이더 부품도(2)

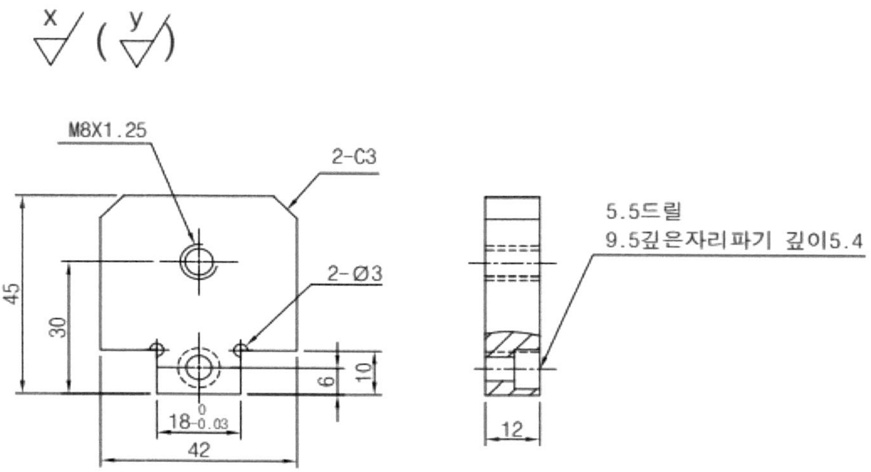

과제명	BODY-B	척 도	1 : 1
		도면번호	4S1002

– 4편 슬라이더 부품도(3)

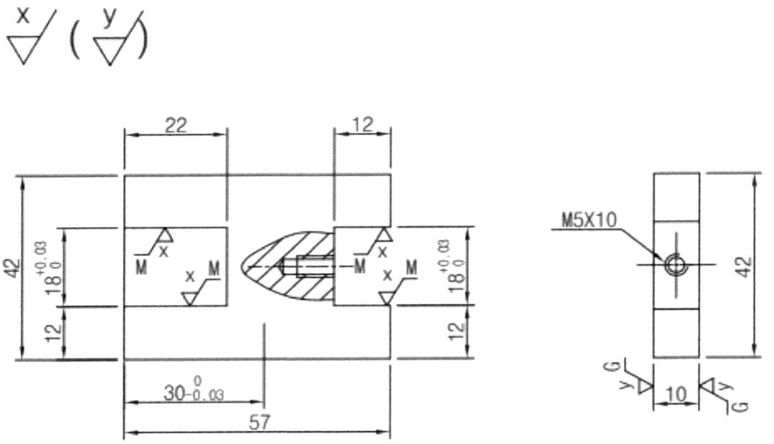

과제명	BODY-C	척 도	1 : 1
		도면번호	4S1003

– 4편 슬라이더 부품도(4)

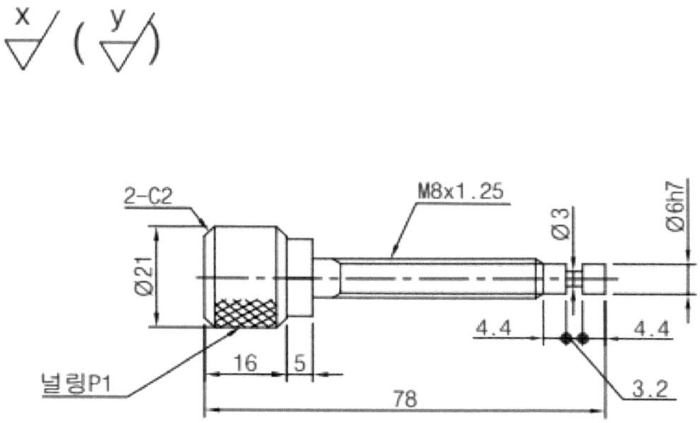

과제명	HANDLE	척 도	1 : 1
		도면번호	4S1004

– 5편 슬라이더 조립도

작성일자	
소 속	
성 명	

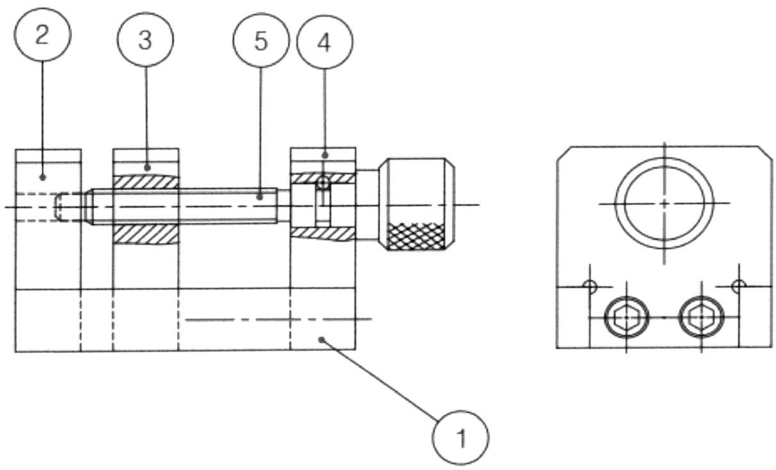

5	5S1005	HANDLE	-	1	
4	5S1004	BODY-D	-	1	
3	5S1003	BODY-C	-	1	
2	5S1002	BODY-B	-	1	
1	5S1001	BODY-A	-	1	
순 번	품 번	품 명	재 질	수 량	비 고
과제명		5편 슬라이더		척 도	1 : 1
				도면번호	5S1000

– 5편 슬라이더 부품도(1)

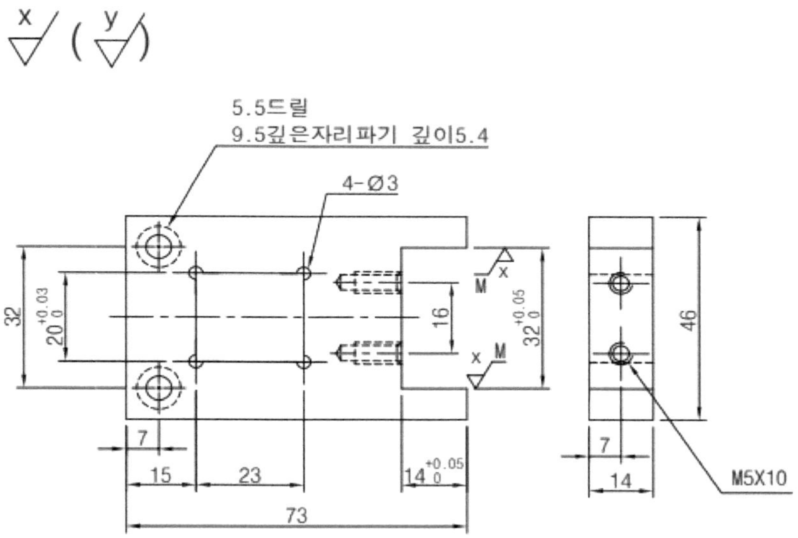

과제명	BODY-A	척 도	1 : 1
		도면번호	5S1001

– 5편 슬라이더 부품도(2)

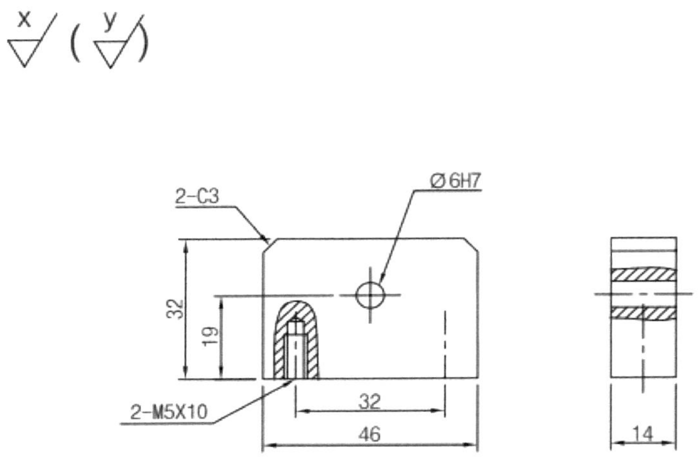

과제명	BODY-B	척 도	1 : 1
		도면번호	5S1002

– 5편 슬라이더 부품도(3)

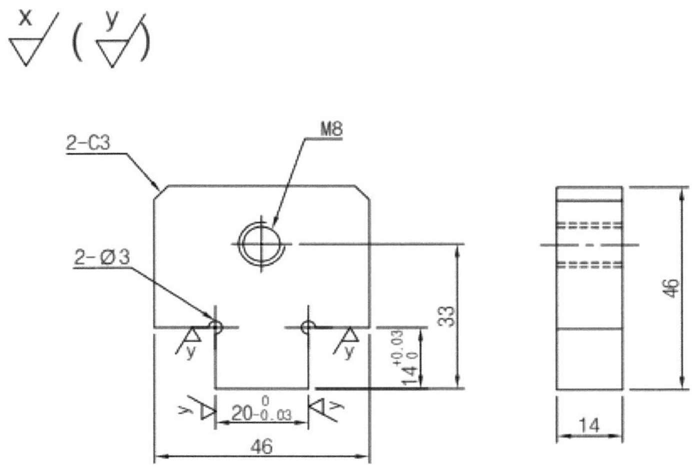

과제명	BODY-C	척 도	1 : 1
		도면번호	5S1003

– 5편 슬라이더 부품도(4)

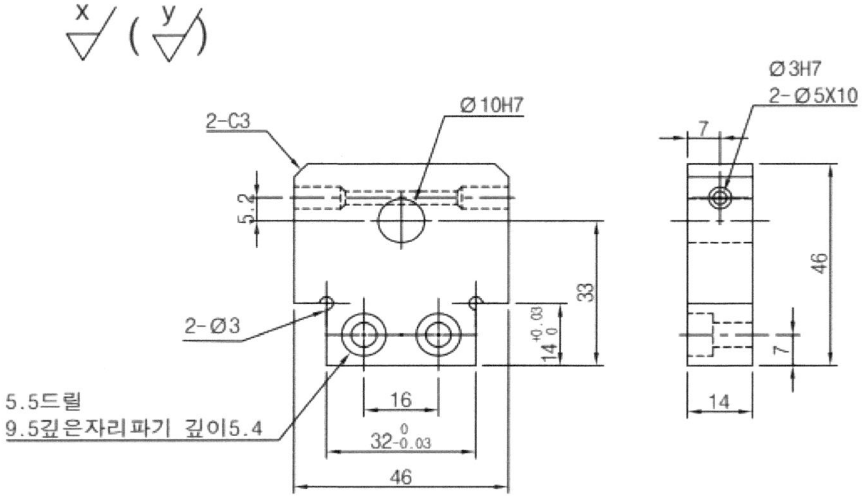

과제명	BODY-D	척 도	1 : 1
		도면번호	5S1004

– 5편 슬라이더 부품도(5)

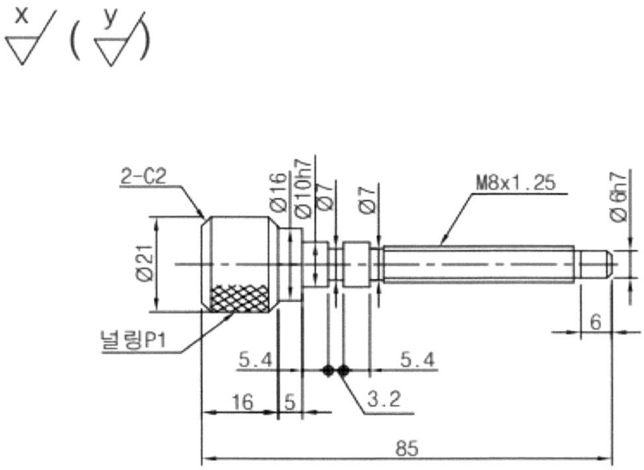

과제명	HANDLE	척 도	1 : 1
		도면번호	5S1005